産経NF文庫
ノンフィクション

「賊軍」列伝
明治を支えた男たち

星 亮一

潮書房光人新社

文庫版のまえがき

著名な歴史家・津田左右吉《つだそうきち》博士は『明治維新の研究』で、

「維新の変革は民衆の要望から出たことでなく、民衆の力なり行動なりによって実現せられたものでもなく、また民衆を背景にしたり、基礎にしたものではない」

と論じた。

では、誰の手で達成されたのか。津田博士は雄藩の家臣の仕業と論じた。

日本最大の大変革があった明治維新、幕府が倒れ、薩長《さっちょう》が天下を取った。我も我もと薩長になびき、旧幕臣は社会の片隅に追いやられてしまい、悲惨な境遇となった。

しかし、しぶとく生き残った幕臣が何人もいた。

生き残っただけではない。財界のトップになった人もいた。渋沢栄一《しぶさわえいいち》である。渋沢は散々酷評された最後の将軍、徳川慶喜《とくがわよしのぶ》の忠実な家来だった。重臣でも旗本でもなかったが、慶喜を慕っていた。

慶喜が馬で出かける時、小太りの体をゆすって、一生懸命に走って追いかけた。慶喜が落ちぶれて駿府《すんぷ》の小さなお寺で謹慎していた時、渋沢は慶喜を訪ね、手放しでオンオン泣いた。慶喜の無念を自分が晴らしてやる、それを胸に秘めて努力した。めそめそいつまでも泣いてはいなかった。

ふがいない幕臣のなかで、あえて戦ったのが榎本武揚《えのもとたけあき》だった。しかし虎の子の軍艦開陽丸を江差《えさし》の海に沈めてしまい、箱館で敗れてしまった。長州の木戸孝允《きどたかよし》は極刑を求めたが、「それは駄目だ、あいつを殺すな」と叫んだのが敵将である薩摩《さつま》の黒田清隆《くろだきよたか》だった。頭を丸めて嘆願した。

榎本はのちに黒田内閣の閣僚を務めている。

意外や意外、福沢諭吉《ふくざわゆきち》も幕臣だった。この人ほど幕府の金で海外に出かけ、西洋事情を学んだ「がめつい人」はいなかった。福沢は重臣の倅《せがれ》でも旗本でもなかった。だが才能を見込んで、支え続けた人がいた。だから海外に出かけることができた。

幕府が潰れるや慶應義塾を開き、「天は人の上に人を造らず。人の下に人を造らず」という名言を残した。どのように社会が変わろうが、生き延びるすべはあった。本人の努力と周囲の人々の支援だった。

維新後、徹底的に叩かれた会津藩からも明治の社会をしぶとく生きた人が何人も出た。東京帝大総長になった山川健次郎《やまかわけんじろう》、明治学院の創設者の一人、井深梶之助《いぶかかじのすけ》は隣人や家族の愛やキリスト教との出合いによって、人生を切り開いていった。

きわめつきは薩長政権に鉄鎚《てっつい》を下した南部藩の原敬《はらたかし》である。南部藩が朝敵になり、家老の楢山佐渡《ならやまさど》が切腹した日、原は処刑が行なわれた盛岡の寺院で、薩長打倒を心に誓った。初代の伊藤博文から今日に至る歴代総理のなかで、もっとも宰相にふさわしい人物が原敬だった。

「原敬はいかなる政治家よりも偉大であり、彼に比すべき政治家は鉄血宰相ビスマルク一人だけであろう」

と言ったのは、著名な歴史家の服部之総《はっとりしそう》である。決してオーバーではない。大権力の薩長閥を倒したのだ。今日の政治家にできる芸当ではない。

人生、どのような境遇になろうとも悲観することはない。むしろ逆境は歓迎すべきことなのだ。周囲を見つめ、隣人を愛し、次の一手を考えるべきである。
本書の先人たちの生き方を励みとしていただければ幸いである。

二〇二一年一二月

星《ほし》　亮一《りょういち》

「賊軍」列伝　明治を支えた男たち——目次

第三章　榎本武揚
――世界を見て回った幕臣随一の秀才、五稜郭敗戦ののち、蝦夷島政府総裁となる

第四章　原　敬
――薩長藩閥政治に鉄鎚を下した名宰相

第五章　山川健次郎
――東京帝大総長となった白虎隊隊士

第九章　野口英世
――「おれは会津のサムライだ」が口ぐせだった世界の医聖の心意気

第一〇章　朝河貫一

——無謀な侵略戦争に反対し全米で尊敬を受けた学究

掲載写真提供：国立国会図書館／福島県立図書館／「丸」編集部

「賊軍」列伝　明治を支えた男たち

第一章　渋沢栄一

——徳川将軍の家来から日本財界のトップへ上り詰めた真の経済人

西郷、大久保に匹敵する人物

経済人として近代日本の国家建設に貢献した渋沢栄一《しぶさわえいいち》は、岩崎弥太郎《いわさきやたろう》のような勝者サイドの人間ではない。敗者サイドの人間である。それが日本の財界を仕切ったことが痛快だ。

生涯、かかわった企業が約五〇〇社、明治六年（一八七三）に創立した第一国立銀行、現在のみずほ銀行では四十余年間、頭取を務めた。「憲政の神様」と言われた尾崎咢堂《おざきがくどう》（行雄《ゆきお》）に「渋沢は西郷、大久保に匹敵する人物」と言わしめた明治国家のスーパースターである。

生家は武蔵国《むさしのくに》榛沢郡《はんざわぐん》血洗島村《ちあらいじまむら》、現在の埼玉県深谷市である。深谷駅は高崎線の快速で上野駅から約七〇分、駅前広場に渋沢の銅像がある。そこから渋沢の生家まで歩いていくのだが、目の前に生家の全景が広がった時は、その広さに驚いたものだった。

故郷の血洗島は埼玉の北辺の地で、土地はよく肥え、当主は代々、市郎右衛門を名乗り、畑作や養蚕、藍玉《あいだま》作りに精を出し、商売も手がける資産家だった。

渋沢栄一はたった一人の男子である。五歳から学問に励み、父に連れられて自家製品の藍玉を信州や上州、秩父方面の紺屋に売り歩いた。一四歳の時、一人で出かけて藍玉を売ってきた。商売が面白かった。

「百姓になるのはいやだ」

若き日の渋沢栄一

と言いだし、二一歳の時、江戸に出た。儒学と剣術を学び、尊王攘夷《そんのうじょうい》に目ざめ横浜に攻め込んで、異人館を焼き討ちせんとした。これは止める人がいて未遂に終わった。

それから京都に向かい、一転、一橋家に潜り込んだ。

二四歳の時である。何とか主人の慶喜に名前を覚えてもらいたい。

慶喜の日課は朝の調馬から始まる。

「これだな」

と渋沢は手を叩いた。

五〇騎と二〇人を連れて疾走してくる。それを待ちうけて馬の後ろを走るのだ。渋沢は背が低く、肥満で腹が出ている。馬になど追いつけるものではない。でも毎日、走った。

「あれは何者だ」

「新規召し抱えの者にございます」

「太っておるな」

「はい、武蔵国の者にございます」

「そうか」

という程度だったが、これが縁で慶喜にお目通りがかなった。やがて財務担当として頭角を現わした。商売人の血であった。

夢のフランス派遣

幕末の慶喜は、フランスとの提携による近代日本の建設を考えていた。その一つとして実弟の徳川昭武《とくがわあきたけ》をフランスに派遣した。パリ万国博覧会に将軍慶喜の名代《みようだい》として出席させ、その後フランスで勉強させるためだった。昭武のお供として、

「そちをフランスに派遣する」

と慶喜に言われた時、渋沢は頰をつねった。随行者は次の顔ぶれだった。

この時期、渋沢は篤太夫《とくだゆう》を名乗っており、役目は庶務会計だった。

御付添役　向山隼人正《むこうやまはやとのしよう》

御勘定奉行格外国奉行　山高石見守《やまたかいわみのかみ》

御作事奉行格御小姓頭取　保科俊太郎《ほしなしゆんたろう》

歩兵奉行　田辺太一《たなべたいち》

外国奉行支配組頭

同調役　日比野清作、杉浦愛蔵、生島孫太郎
御儒者次席翻訳方頭取　箕作貞一郎《みつくりていいちろう》
通弁御用　山内六三郎
民部大輔殿御附
大御番格砲兵差図役頭取勤方　木村宗三
御勘定格陸軍付調役　渋沢篤太夫
小姓頭取　菊池平八郎、井坂泉太郎
奥詰　加治権三郎、皆川源吾、大井六郎左衛門
奥詰医師　三輪端蔵、服部潤次郎
大砲差図役勤方　高松凌雲《たかまつりょううん》
山内文次郎《やまうちぶんじろう》

これに会津藩士横山主税《よこやまちから》、海老名郡次《えびなぐんじ》、唐津藩士尾崎俊蔵、浅草天王町の商人瑞穂屋清水卯三郎《みずほしみずうさぶろう》、世話役として長崎のフランス領事レオン・デュリー、イギリス公使館通訳のプロシア人アレクサンドル・フォン・シーボルトが同行した。

この中で後年、名をなした人物は渋沢、高松、田辺ら数人に及ぶ。幕臣の層の厚さである。

実務スタッフは旧幕臣

高松凌雲はパリでノートルダム寺院に近いパリ市立病院に学んだが、そこは医療費に事欠く貧しい市民に無料で医療を行なう施薬救療医院だった。そこで人道博愛主義を学んだ高松は、帰国後、榎本武揚《えのもとたけあき》と共に蝦夷地《えぞち》に渡り、箱館に病院を開き、敵も味方も平等に治療し、のち民間救護団体の前身と言われる同愛社を創設した。

田辺太一は明治政府に出仕、岩倉遣欧使節団に一等書記官として随行、晩年『幕末外交談』を執筆している。

保科俊太郎は陸軍に入り、陸軍省人事局長を務め、山内六三郎は帰国後、榎本艦隊に乗り組み、英語力を駆使して横浜に係留されていた軍艦甲鉄《こうてつ》からガトリング速射砲を持ち出し、軍艦開陽丸に備えつけた。しかし開陽丸は江差《えさし》の海に沈み、榎本と共に描いた蝦夷島政権の夢は消えた。

向山隼人正は明治以降、静岡学問所頭取に就き、その後、東京に移り、晩翠吟社《ばんすいぎんしや》をおこし、黄村《こうそん》を名乗り、詩作に励んでいる。

杉浦愛蔵は初代駅逓正《えきていのかみ》である。

明治新政府の中央省庁のトップや次官は薩長閥《さっちょうばつ》だったが、実務スタッフは旧幕臣が圧倒的に多かった。優秀だったからだ。そんな人材を抱えながら、なぜ簡単に幕府は滅んでしまったのか。

一言で言えば危機意識の驚くべき欠如と、役に立たない重臣がはびこっていたせいだった。

仰天の日々

一行が日本を発《た》ったのは、慶応三年(一八六七)一月一一日である。多数の幕府要人とフランス公使ロッシュが見送り、フランス郵船アルフェー号に乗り込み、横浜を出港した。

一五〇〇トンほどの蒸気帆船だった。

渋沢は毎日、日記をつけた。『航西《こうさい》日記』である。「ブール《バター》という牛の乳を凝《こ》りたるをパンにぬりて食す」「食後、カッフェーという豆の煎《せん》じたる湯を出す」などと記し、香港では「旧政に因循《いんじゅん》し、衰弱に陥るやに思われる」とイギリスの植民地と化した中国を批判した。

一行は香港、サイゴン、アラビア半島のアデンを経由し、紅海を航行して二月二一日、スエズに着いた。ここからは汽車旅行である。

「細長い家屋の如《ごと》きものが動いている」

と一同、驚いた。それが蒸気車だった。

夕方、この蒸気車に乗り、翌朝、アレクサンドリアに着き、ここで市内を見学した。二月二三日、再びフランス郵船の船に乗り、二月二九日、横浜を出てから四八日目でフランスのマルセイユに着いた。上陸の際は二一発の礼砲が轟いたというからすごい。全員がそろった有名な写真をマルセイユの写真館で撮った。フランス滞在中に幕府が崩壊するなど誰も夢にも思っていなかった。

フランスでは華やかな日々だった。ツーロンの軍港を視察、製鉄所にも行き、溶鉱炉、反射炉、武器庫を見学した。学校も見た。パリに入ったのは三月七日である。ホテルにロシアに派遣されていた小出大和守《こいでやまとのかみ》が訪ねてきた。樺太《からふと》の国境交渉のためペテルブルクに出かけ、その帰路だった。このなかに会津藩の山川大蔵《やまかわおおくら》がいて、同じ会津の横山主税らと劇的な対面を果たした。

渋沢が各地で感心したことは、国民全体を考えた政治だった。政府のためではなくすべて、国民のためだった。渋沢は美人が多いことにも驚いた。皆、胸を張って歩いている。日本とは違うと思った。街は夜でも煌々《こうこう》と明るく、至る所に噴水があり、人家は七、八階の高層建築で、その座敷の壮麗なことは、大名の屋敷も及ばぬものだった。

なに、「琉球国王」だと⁉

幕府はパリ万博に向けて、二年前から準備を進めてきた。日本特産の漆器、陶器、刀剣などの武具、金属製品、鉱物、日本画、材木、和紙、昆虫類など一八九箱、四万七〇〇〇両分を用意した。これを運ぶために幕府はアゾフ号という輸送船をチャーターし、フランスに向かわせた。ほかに、肥前藩が肥前焼を一二〇箱送った。薩摩《さつま》の動きは早くからつかんでいたが、「幕府の枠に並べる程度であろう」と問題視していなかった。

　薩摩を甘く見ていたのである。薩摩で動いていたのは刑部新納《ぎようぶにいろ》、五代友厚《ごだいともあつ》らの密航組だった。フランスの身元引受人モンブラン伯爵との間で貿易商社を設立、薩摩大《たい》守《しゆ》・琉球国王として幕府とは別のブースを取っていた。

　これを知って向山隼人正は激怒した。

「冗談じゃない」

　渋沢も薩摩のやり方に我慢がならなかった。薩摩のブースには琉球王国の名が表示され、丸に十の字の国旗がかかげられていた。もはやどうにもならない。

「田辺どの、一体、これは、何ですか」

　渋沢は田辺太一に食ってかかった。

「まことに由々《ゆゆ》しき事態、ううん」

　とうなずくばかりで、田辺に策などあろうはずもない。幕府は日本を代表する政府にあらずと宣伝され、予定していたフランスの財界人からの借款も暗礁に乗り上げ、オランダのハンドルル・マスカペー社から五万ドル、そしてオリエンタルバンクから五〇〇〇ポンドを借りて急場をしのぐ始末だった。
それでも万博の日本コーナーは好評で、養蚕、漆器、工芸品、和紙に第一等の賞牌《しょうはい》が贈られ、薩摩に差をつけたが、イメージダウンは避けられなかった。

出るのはため息

このようにパリ万博は波瀾万丈の日々だった。徳川昭武がその後、ヨーロッパを一周し、パリで勉強を始めたばかりの慶応四年（一八六八）三月一六、一七日に江戸から手紙が舞い込んだ。一月中旬に日本から出された手紙だった。鳥羽伏見《とばふしみ》の戦いで幕府軍が敗れたこと、将軍慶喜が軍艦開陽丸で大坂から逃げ帰ったことが詳細に記されていた。

「何だって」

渋沢は仰天した。次の手紙には慶喜が朝敵とされ、関東征伐のために仁和寺宮《にんなじのみや》が江戸に向かったこと、慶喜は謝罪、恭順に徹し、朝廷に助命を歎願《たんがん》していることも記されていた。

幕府は潰れてしまったのだ。パリ万博対応で急遽《きゅうきょ》フランスにやってきた栗本安芸守《くりもとあきのかみ》はじめ主だった幹部は帰国することに決した。

「ああ」

皆、出るのはため息だけだった。

「昭武公は今帰国しても仕方がない。せめて四、五年は留学して一芸をこなされた方が日本のためであろう」

渋沢は、そう主張し、貴族ではなく一般留学生として残る道を選び、その全責任を渋沢が負うことになった。二年分ぐらいの予備費は渋沢の懐にあった。金銭のやりくりは渋沢のもっとも得意とするところである。しかし新政府の外国掛《がかり》伊達宗城《だてむねなり》、東久世通禧《ひがしくぜみちとみ》から帰国の命令があり、昭武と渋沢のフランス留学は一年で終わった。

涙、涙、言葉にならず

帰国の途中、香港で、会津が敗れ榎本武揚が箱館に立て籠《こも》っていることを知った。

プロシア人スネルが訪ねてきて昭武を蝦夷共和国の国王とするよう勧誘を受けたが渋

沢は断った。ここで判断することはできなかった。

渋沢は縁あって一橋家に奉公し、慶喜に仕えた。生地の周辺は一橋家の領地であり、慶喜は殿様だった。渋沢は来る日も来る日も、慶喜の馬を追いかけ、織田信長に仕えた木下藤吉郎《きのしたとうきちろう》のような日々だった。大恩人の慶喜はどうしておられるのか。渋沢が考えることは慶喜に会うこと、それだけだった。

失意のうちに帰国した渋沢は駿府《すんぷ》に向かった。慶喜は駿府市中にある宝台院《ほうだいいん》という小さな寺院で謹慎していた。渋沢は狭い六畳ほどの薄暗い部屋で変わり果てた慶喜と対面した。すっかり落ちぶれた慶喜を目の前にして、渋沢はこらえきれずに涙を流した。言葉も出ず、頭を下げて泣き続けた。その泣きっぷりに、慶喜が困るほどだった。

「泣くことにあらず」

と慶喜が言った。渋沢が涙ながらにフランス留学中のことを細かく報告すると、慶喜は目を細めて聞き、「残って勉強したことは良き判断だった」と渋沢を褒めた。渋沢はこの一言で、おのれの人生を決めた。帰り際に藩庁から勘定組頭に就くよう求められたが、渋沢は丁重に断り、東京に戻った。

岩崎弥太郎を罵倒

渋沢はそれから三年半ほど大蔵省に勤めた。大久保利通《おおくぼとしみち》が大蔵卿だったが、理財の実務は何も知らない。周囲の官僚は薩摩ばかりである。これは辞めるしかないと大蔵省を去った。三四歳だった。

渋沢が見るに日本の商工業は、すべてが零細だった。この狭い国土に小さな商売人がひしめき、農業といえば大根を作り、沢庵漬けにする程度であり、商業は味噌《みそ》を量り売りする程度、工業といえば、老婆が糸車を用い、小娘が機織《はたお》りをするのが関の山だった。金融機関は両替商、蔵元、札差《ふださし》しかなく、まともな金融機関はない。

渋沢は明治六年（一八七三）、第一国立銀行を設立した。名前は国立だが民間の銀行だった。渋沢は全体を統括する総監役に就き、幾多の試練を乗り切り、鉄道建設、紡績業、海運業と手を広げた。今日の王子製紙、東京ガス、帝国ホテル、サッポロビール、JRなど渋沢が手がけた企業は枚挙にいとまがない。

そんな渋沢に接近してきた男がいた。土佐出身の岩崎弥太郎《いわさきやたろう》である。渋沢は岩崎か

晩年の渋沢栄一

ら向島の料亭に招かれた。

「僕と君が手を握れば、日本の実業界を思う通りに動かすことができる」

と岩崎が言った。

「冗談じゃない。君が言うことは、ただの金儲けではないか。そんなことをする気は毛頭ない」

渋沢は怒って途中で退座してしまった。

渋沢と岩崎には決定的な違いがあった。

渋沢に言わせれば、岩崎は薩長政権と結託した御用商人ではないか。自分は違う。痩《や》せても枯れても幕臣の端くれだ。徳川慶喜公にお仕えした者だ。幕臣をなめてもらっては困る。そんな心境だった。

渋沢がフランス各地で学んだことは私心なき社会奉仕だった。

さらに早稲田大学、日本女子大学、二松学舎大学、同志社大学の設立にも協力した。

東京慈恵会《じけいかい》、聖路加《せいるか》国際病院などの設立も助成し、日本結核予防協会、癩《らい》予防協会の結成にも力を貸した。七〇歳を過ぎてから三回も訪米し、日米関係の改善にも骨を折った。渋沢はヨーロッパの自由主義、民主主義を身につけ、かつ日本古来の道義心も兼ね備えた偉大な日本人だった。『徳川慶喜公伝』の編纂も歴史に残るものだった。腰ぬけと揶揄《やゆ》された徳川慶喜だが、渋沢が財界トップの座を占めたことで、世間に顔向けができた。

「自分は婦人関係以外、俯仰《ふぎょう》天地を愧《は》ずるものはない」

渋沢はそう言い切った。大恩人の慶喜を見習ったわけでもないだろうが、多くのお妾さんに取り巻かれ、三〇人以上の子供がいた。

享年九二。見事な大往生だった。

第二章　福沢諭吉

——下士出身、超個性派が海外視察三昧で慶應義塾を開く

咸臨丸に乗り込む

福沢諭吉《ふくざわゆきち》は、相当な個性派である。好き嫌いが実にはっきりしている。嫌いとなったらとことん嫌う。好きとなったら終生、好意を抱き続けた。

福沢は天保《てんぽう》五年（一八三四）、中津《なかつ》藩の大坂蔵屋敷で生まれた。幼くして父親を失い、一家六人、中津に帰った。今の大分県の北西部に位置する農村地帯である。志を立てて長崎に一年遊学し、それから大坂に出て緒方洪庵《おがたこうあん》の適塾に学んだ。

酒を飲むと大騒ぎしてしゃべりまくる天衣無縫《てんいむほう》な青年だった。

二三歳の時、藩命で江戸に出て幕府の外国方に潜り込んだ。福沢の英語はさっぱり通じないという説もあれば、結構役に立つという人もいて、よくわからない部分があった。尊敬する人物、あるいは人生の恩人などいないように思えるのだが、福沢にも終生の恩人がいた。

若き日の福沢諭吉

木《き》村《むら》摂津守《せっつのかみ》である。生家は浜御奉行、並の旗本ではない。若くして海軍伝習所取締役を務め、幕府海軍に精通した人物だった。
福沢は幕府外国方の下っ端だった。外国に行かなければ、外国方としては、認めてもらえない。しかし中津の出である福沢には出番などなさそうだった。万延《まんえん》元年（一八六〇）、幕府が遣米使節を送ることを知った福沢は、「これだ」と手を叩いた。首脳部は正使新見《しんみ》豊前守《ぶぜんのかみ》、副使村垣《むらがき》淡路守《あわじのかみ》、監察小《お》栗《ぐり》豊後守《ぶんごのかみ》、どの人にもコネはない。通訳としては箱館奉行所の名《な》村《むら》五《ご》八郎《はちろう》、立石得十郎《たていしとくじゅうろう》、同斧次《おのじ》郎《ろう》が参加する。到底かなわない。諦めかけていた時、耳よりな話を聞いた。幕府軍艦咸臨丸を運航させるというのだ。福沢は平素、出入りしている幕府奥医師の桂川甫周《かつらがわほしゅう》に相談した。桂川は、
「木村摂津守に紹介状を書いてやろう」

と言ってくれた。福沢は紹介状を持ってすぐ浜御殿に向かった。福沢は平身低頭して訪米を懇願した。

「先生のご紹介とあれば、無下《むげ》にはできぬ。しかし生きて帰れる保証はない、わしの従者でもよいか」

「はい、どんなことにも耐えます」

たった一回の面接で、木村の従者に採用された。咸臨丸の役員は提督が木村摂津守、船将が勝海舟《かつかいしゅう》、以下運用方、測量方、蒸気方、公用方、教授方、通弁、勤番役、医師などのほか船を操作する塩飽島《しわくじま》と長崎の水夫、火焚役、米海軍の測量艦のブルック艦長ら一人の米国海軍の士官、水兵あわせて一〇七人が乗り込んだ。

航海は苦難の連続だった。

我が儘な勝海舟

驚いたのは勝海舟の我《わ》が儘《まま》だった。自分の上に摂津守がいるのが面白くない。太平洋の真ん中で「おれは帰る。バッテーラ（ボート）を出せ」と怒鳴ったのには腹が立った。しかも船にはからきし弱く、船酔いで寝てばかりいた。木村は勝を信用しておらず、ブルック大尉を雇い、操船させていた。

福沢は航海中、木村のそばにぴったりついて、いつも木村を守った。木村は財産を整理して、三〇〇〇両を持参、給付された公金には手をつけなかった。実に立派な人だと福沢は思った。また咸臨丸にはジョン万次郎が乗っていて、直接、英語を教わったのも大きかった。

やがて福沢は何度もアメリカやヨーロッパに出かけ、押しも押されもせぬ存在になった。だが幕府のことも痛烈に批判した。幕藩体制は、まことにもって不平等な社会だった。

NHKの大河ドラマ『龍馬伝』を見て、上士《じようし》と下士《かし》のあまりの違いに驚いた人が多いが、それは土佐に限らず、全国どこでもほぼ同じだった。

会津でも足軽身分の侍は上級武士に道端で出会えば、草履《ぞうり》を脱ぎ、指を土につけて頭を垂れなければならなかった。小士族の家に生まれた福沢である。この苦痛を知っており、こんな幕府や藩はいつか潰してやると思っていた。

三度目の海外出張

慶応三年（一八六七）、福沢は三度目の外国出張でアメリカに行った。正月二三日に横浜を出帆した。幕府は文久《ぶんきゅう》三、四年（一八六三～六四）の頃、アメリカに八〇万ドルを渡して軍艦を三隻発注した。慶応元年（一八六五）、富士《ふじ》山丸《やままる》という軍艦が日本に着いた。

排水量一〇〇〇トン、砲一二門、三本マストの木造蒸気帆船だった。価格は四〇万ドル、まだ四〇万ドルが残っている。それを処理するために使節団が派遣された。顔ぶれは次の人々だった。

正使　勘定吟味役　小野《おの》友五郎《ともごろう》
副使　開成所頭取並　松本寿太夫《まつもとじゅだいふ》
外国方　調役次席・翻訳御用　福沢諭吉
通弁御用出役　津田《つだ》仙弥《せんや》

通弁御用御雇　尺振八《せきしんぱち》
海軍方　小十人格軍艦組一等　小笠原賢蔵《おがさわらけんぞう》
同　岩田《いわた》平作《へいさく》
勘定吟味方下役　神野《じんの》信之丞

小野は長崎海軍伝習所の出身で、万延元年に福沢と一緒に咸臨丸で航米していた。アメリカで南北戦争が起こり、アメリカとは音信不通となり、金は払ったのに注文した残りの軍艦が送られてこない。急ぎ軍艦がほしいということで、四〇〇〇トンの飛脚船《ひきやくせん》コロラド号に乗ってアメリカに出かけた。

福沢は幕府の会計処理に不満を抱いていた。八〇万ドル、アメリカに渡してあるというのだが、アメリカ側の領収書はちょっとした紙切れ

慶応3年訪米団一行(右端が福沢諭吉)

に一〇万ドルとか二〇万ドルと書いてあるだけである。ブライン前駐日公使の名前が書いてあったが、見るからに粗末な領収書である。何という会計処理だ。

「だまされている」

福沢は直感的にそう思った。

かまうもんか、飲め飲め

今回の旅、三回目なので、福沢にとっては、慣れたものだった。

「なに、官費だからかまうものか」

部下の尺を相手に、酒をどんどん注文して部屋で飲んだ。あとは言いたい放題である。

「幕府というのは潰さなくてはならん。幕政の様を見ろ。政府の御用と言えば、何を買うにも御用だ。房州から船が入れば、幕府の御用だと言って、一番先に魚をただで持ってゆく」

「しかし、こうして船に乗ってアメリカに行くのは、幕府が金を出しているからではないか」

尺が言うと、

「そんなことはない。お偉方は横文字ができねえ。それで乗せられただけだ。潰してしまえ」

福沢は止まるところを知らなかった。飲むと、日ごろの鬱憤《うっぷん》がどんどん出る。

「御三家の威張り方などひでえもんだ。旅の道中で出会ったら最悪だ。河を渡るにも、やつらが先だ。葵の紋は大っ嫌いだ」

「声が大きいですぞ」

「かまうもんか」

上役に聞こえるように毎晩叫んだ。狭い船内である。こうした騒ぎが上役に聞こえぬはずはない。「あいつはけしからん」と団長の小野友五郎が怒った。何さまだと思っているのだと、周辺からの批判が続出した。

アメリカに着いた福沢は、毎日、街に出て洋書を買いあさった。金の出所は仙台藩だった。福沢には木村摂津守のほかにもスポンサーがいた。

仙台藩江戸留守居役の大童信太夫《おおわらしんだゆう》が洋行のたびに洋書や鉄砲買いつけの名目で餞別

を出していた。今回は二五〇〇両の大金を預けていた。大童は、福沢から世界事情を聞くのを楽しみにしていた。幕府は危ない、早晩、潰れるかもしれないという危惧を福沢は抱いていた。ならば渡米を利用して存分に洋書を買い、後日に備えようと考えていた節があった。福沢と小野の仲は最悪の事態になった。

小野と大喧嘩

小野は徹底的に福沢を仕事から外し、通訳には津田仙弥と尺振八を使ったので、双方の関係は悪くなるばかりである。帰国するや、小野は福沢を告発した。福沢は現地で雇った小使いに五〇〇ドルの公金を持ち逃げされた。船で託送した荷物が荷上げ交渉に手間取り、将軍から大統領への贈り物が謁見に間に合わなかった。個人の図書運賃を公費に紛れ込ませ、何やかや合わせると、一万五〇〇〇ドルの公金を私物に流用したなどと主張した。金銭の管理は勘定吟味役の仕事である。荷物の積み下ろしもそうではないか。正使、副使は何も確認しなかったのか。疑問だらけだった。小野は福沢の荷物を神奈川奉行に差し押さえさせた。自分にも責任はあると部下不取り締まりで、進退伺いを出した。

真実はどこにあるのか。

福沢にとっては予定の行動だったのかもしれない。幕府の余命はいくばくもない。この際、洋書を買えるだけ買って帰る。それが国益につながる。そう考えたのかもしれない。幕府は薩長《さっちょう》に押しまくられており、福沢の公金横領など審議する暇もなかった。

小野がアメリカで購入を決めた軍艦に、後日談がある。購入したストーンウォール号は、預けてある四〇万ドルでお釣りがくるはずだった。ところが、違っていた。この軍艦が横浜に着いた時、幕府は潰れており、薩長政府は、改めて多額の代金を要求され、四苦八苦して払った。このことを後で聞いた福沢は「やっぱりだましやがった」とアメリカに毒づいた。

僕は逃げるだけだ

鳥羽伏見《とばふしみ》の戦いで幕府軍が薩長軍に敗れ、慶喜《よしのぶ》が江戸城に引き揚げてきた時のことである。

江戸中、蜂の巣をつついたような騒ぎになった。

「武家はもちろん、長袖の学者も医者も坊主も、皆、政治論に忙しく、酔えるが如く、狂するが如く、人が人の顔を見れば、ただその話ばかりで、幕府の城内に規律もなければ、礼儀もない」（『福翁自伝』）

と福沢は自伝に書いた。普段、江戸城は偉い人でなければ、自由には入れなかった。しかし、大広間、溜《たまり》の間、雁《かり》の間、柳の間、どこも無住のお寺のようになっていた。胡坐《あぐら》をかいて怒鳴る者もいれば、袂《たもと》からウイスキーを取り出して飲んでいる者もいる。言葉だけを聞いていると皆、勇ましい者ばかりだった。富士川で薩長を防ぐとか、箱根の険阻《けんそ》に拠《よ》って賊を皆殺しにするとか、口では戦いを叫んだ。

福沢はこの様子を見て失望した。誰一人、武器を取って、戦場に向かう者はいない。福沢は馬鹿らしくなってきた。畳に寝転んで話してもどうなるものでもない。

福沢は友人の加藤弘之《かとうひろゆき》に聞いた。加藤は但馬《たじま》国出石《いずし》藩の出である。江戸で西洋兵学、蘭学を学び、蕃書調所《ばんしょしらべしょ》で、ドイツ語を学び幕臣となり、開成所教授職並の要職にあった。秀才の一人である。明治以降、新政府に勤め、外務大丞《たいじょう》、貴族院議員、東京帝大総長、帝国学士院院長などを歴任するエリートである。酒を飲んで怒鳴ることなどまったくない。福沢とはまったく肌合いが違う。

「一体、戦争になるのか、ならないのか」

「それを聞いて何するのか」

「何するかってわかってるじゃないか、戦争と決まれば、僕は荷物を拵《こしら》えて逃げるだけだ」

「そんな気楽なことを言っている時勢ではないぞ」

「いや気楽ではない。僕は命がけだ。君たちは戦おうが、和睦《わぼく》しようが勝手にしたまえ。僕は戦争が始まったら即刻、逃げるだけだ」

「なんだ、お前は」と加藤はプリプリ怒った。福沢はさっさと城を飛び出した。

慶應義塾を開く

慶應義塾は福沢がさっさと幕府を飛び出して作った私塾だった。芝の新銭座《しんせんざ》に四〇〇坪の土地を買っていた。海外出張の旅費を貯め込んで買ったのである。ただの酒は飲むが、自分から金を出しては飲まない。実にしっかりした金銭感覚だった。古長屋を買って四〇〇両ばかりで教室を作り、鉄砲洲《てっぽうず》の狭い小屋からここに移った。

この時、江戸がどうなるか皆目見当がつかない。家を作る者などはいない。おかげで工事費が安くついた。しかし戦争が始まり塾生はたったの一八人に減った。時折、官軍の兵士ものぞきに来たが別段、悪さをするわけではない。しかしあらぬ嫌疑をかけられてはかなわない。鉄砲も刀も教室には一切、置かなかった。

その頃、出入りしていた古川節蔵《ふるかわせつぞう》が脱走すると言ってきた。中国地方の奥深い山国に生まれ、大坂に出て、適塾で学んだ男である。福沢の塾の第一期生で、塾長を任せた男である。

「やめておけ」

と言ったのだが、榎本武揚《えのもとたけあき》の艦隊に入ると言う。どうしても言うことを聞かない。

「大坂に行って騒ぎを起こせば、勝つ」

と言って出ていった。

江戸に新政府ができて、福沢に「手伝え」という話はあったが、この政府は攘夷《じょうい》政府だと思っていたので、どんなに頼まれても断った。

塾生もだんだん増えてきた。生徒が増えれば、塾舎の取り締まりも必要だ。教師に給料も払わなければならない。これまで、どこの塾も授業料がなかった。盆暮れに何か持ってきてくれる、そんな程度だった。それではこの塾を手伝ってくれる者はいなくなる。そこで生徒から月金二分、払ってもらうことにした。皆、ぶつぶつ言いながらも払ってくれた。

会津で奪った赤い着物

思えば幕府の学校は皆、潰れてしまい、勉強する所がない。おかげで慶應義塾は生徒が続々と入学してくる。明治政府も学校どころではない。奥羽では戦争が起こったが、ここだけは大繁盛だった。福沢は生徒に大演説を行なった。

「むかし、オランダはナポレオンに攻められて、ことごとく国を取られてしまった。ところが世界で一ヵ所だけオランダが残っていた。何処《どこ》だと思うか」

生徒にわかるはずはない。顔を見合わせるばかりである。

「それは日本の長崎だ。出島には翩翻《へんぽん》とオランダ国旗が翻っていた」

「それはすごい」

生徒は福沢の講義に聞き入った。儒学の話は聞きあきた。世界を知りたい。生徒たちの知識欲はすごいものがあった。時代は完全に変わったと、誰しもが実感した。

「してみると、慶應義塾は日本の洋学のために、長崎の出島と同じように、世の中がどう変わろうが、変乱があろうが、一日も休業したことはない。この塾がある限り、日本は世界の文明国である」

この講義は若者の心をゆさぶった。

会津の戦争が終わると、赤い着物を着てくる生徒が何人もいた。

「どうしたのか」

と聞くと会津の城下から奪ってきた女の着物だという。それを見ると複雑な思いだった。そのうちに旧会津藩の若者も何人か入学してきた。福沢は意図的に漢学の悪口を言った。この時期、古臭い漢学が若者の胸にわだかまっていては、とても文明国家にはなれない。そう考えたからだった。塾が現在の三田の地に移転したのは明治四年（一八七一）だった。

終生、在野の人

福沢は明治政府に入って栄達の道を歩んだ勝海舟、榎本武揚を批判した。勝海舟は大嫌いである。いつか批判しようと狙っていた。幕臣たるもの敵に媚《こ》びへつらうのはけしからんと、質問書を送った。二人は答えなかったが、世間は賛辞を送った。

福沢夫妻（明治33年）

福沢は終生、在野の人だった。今日、慶應義塾は早稲田と並ぶ私学の雄である。日本の財界は慶應義塾が仕切っているという説があるぐらいである。今日の慶應の学生を福沢が見れば、どう感想を述べるだろうか。

東大と肩を並べる人気に「してやったり」と、ほくそ笑んでいるかもしれない。

第三章

榎本武揚

――世界を見て回った幕臣随一の秀才、
五稜郭敗戦ののち、蝦夷島政府総裁となる

コネ入学

榎本武揚《えのもとたけあき》と言えば、偉い人物、頭もいい人と誰しもが思うだろう。

ところが、長崎海軍伝習所の学生選考ではねられてしまった。江戸昌平黌《しょうへいこう》での成績が悪く、修学が無理との判断だった。長崎海軍伝習所の授業は、オランダ語で行なわれていた。教官は全員オランダ海軍の士官、下士官だった。勝海舟《かつかいしゅう》が一期生として入学しており、オランダ語で四苦八苦していた。今日で言えば、東京工大とか防衛大学校あたりに匹敵する理系の学校だった。榎本の幼名は釜治郎《かまじろう》である。喧嘩早い気の強い少年だった。

「潜り込む手はないものか」

ここで榎本は本領を発揮する。友人の伊沢謹吾《いさわきんご》が伝習生頭取心得として長崎に行くことになったと聞いて、早速、伊沢に働きかけた。伊沢の父親は幕府の大目付伊沢美《みま》作守《さかのかみ》である。

「親父に頼んでくれ、お前の付き人でいい」

と強引に頼み込んだ。学校の成績はともかく榎本のキャリアは、凄いものがあった。父親の円兵衛《えんべえ》は測量家伊能忠敬《いのうただたか》の内弟子を務め、蝦夷地《えぞち》の探索にも同行していた。榎本は父親の話を聞いて、蝦夷地探訪の夢を抱き、一七歳の頃は箱館奉行堀織部正《ほりおりべのしょう》の小姓として、蝦夷地から樺太を歩いていた。

文才もあった。榎本の旅行記『シベリア日記』を読むと、ハバロフスクからウスリー川に入ったあたりをこう描いていた。

「川の両岸にゴリドの村がある。彼らは盛んにサケを取っていた。その方法は全く石狩川の奥の蝦夷人のやり方に変わりはない。彼らの網、船、犬がつきまとっている様子などは、予をして深秋、石狩川を通過しているような気持ちを起こさせる」

こうしたキャリアの榎本である。長崎海軍伝習所でも頭角を現《あら》わし、注目される存在になった。当時、長崎海軍伝習所の監督は、福沢諭吉をアメリカに連れていった木《き》村摂津守《むらせつつのかみ》である。大目付の口利きによるコネ入学だったが、話のわかる木村摂津守が上司だったことも榎本には幸運だった。必要に応じて、大いにコネを使うべしということだろう。

一介の火夫として修業

榎本は二期生だった。一期生の代表は勝海舟だった。榎本が勝に頭が上がらないのは、長崎時代の序列のせいだった。指揮官であったオランダ海軍のカッテンディーケ大佐は日記のなかで、

「榎本は江戸では相当の家庭に育ったにもかかわらず、二年来一介の火夫、鍛冶工および機関部員として働いている。これは、まさに当人の勝れたる品性と、絶大なる熱心を物語る証左である。これは何よりも、この純真にして、快活なる青年を一見すれば、すぐにわかる」

と褒めていた。これはなかなかできないことだった。普通の人間は船上で動き回る白い制服を選択した。旧日本海軍の場合も海軍兵学校の生徒は、航海長や艦長を目指した。機関部員は別の養成機関、海軍機関学校の卒業生だった。機関部員は船の底で真っ黒になって石炭を燃やす仕事をする。榎本はあえてその道を選んだ。

榎本が江戸に戻ったのは、二二歳の時だった。

船が難破、暗礁に乗り上げる

幕府海軍は実に華やかだった。万延《まんえん》元年（一八六〇）には、咸臨丸《かんりんまる》が太平洋を渡った。これからはアメリカの時代というので、幕府はアメリカに留学生を派遣することになった。榎本もこれに選ばれた。長崎での成績が抜群だったからである。ところが南北戦争が起こり、アメリカ留学は中止となり、オランダに変更された。オランダ語ならお手のものである。榎本は大いに喜んだ。留学生は次の九人だった。

船具、運用、砲術　内田恒次郎《うちだつねじろう》
機関学　榎本武揚
銃砲・火薬製造法　沢太郎左衛門《さわたろうざえもん》
造船学　赤松大三郎《あかまつだいざぶろう》
測量学　田口俊平《たぐちしゆんぺい》

法律・財政学　津田真一郎《つだしんいちろう》
同　西周助《にししゆうすけ》
医学　伊東方成《いとうほうせい》
同　林研海《はやしけんかい》

このほかに水夫頭古川庄八、水夫山下岩吉、鋳物師中島兼吉、時計師大野弥三郎、船大工上田寅吉、鍛冶職大川喜太郎らが追加された。近い将来、国産に備えての布石だった。

文久《ぶんきゆう》二年（一八六二）九月一一日、一行は長崎からオランダの商船で出港した。二〇〇トンほどの小型帆船だった。台湾海峡を通過、香港を過ぎた所で、暴風雨に襲われ、船は難破して、暗礁に乗り上げてしまった。風が治まると船長と水夫はボートで逃げてしまった。

万事休すである。荷物からかき餅を取り出して飢えをしのいだが、眠るにも寝具がない。榎本らは三日間、難破した船の上にいた。これで終わりかと焦った。

やあ、抜刀して斬り込む

おまけに、この辺は海賊が多いと通弁が言った。「やあ、海賊など叩き斬ってやる」。榎本は刀を抜いて気合を入れた。当時の日本人は、ちょんまげに和服、腰に両刀を差して、どこにでも出かけた。その時、小舟が海上に見えた。やれ助かったと皆が思った。ところが通弁が「あれは馬来《マライ》の海賊船だ」と言って震えた。これは面白いと榎本は小舟をにらんだ。小舟が砂浜に乗り上げるや、

「やああ」

と叫んで榎本らが白刃を閃《ひらめ》かせて小舟に飛び込んだ。相手の鼻先に刀を突きつけて、「やい、海賊」と威圧して近くの島に榎本らを運ぶよう命じた。しぶる男には「斬るぞ」と刃を突きつけた。海賊にとっては相手が悪かった。日本刀を突きつけられて、さぞや驚いたに違いない。彼らは全員を近くの島に運んでくれた。

「ありがとう、ごくろうさん」

榎本は彼らに礼を言い、日本の団扇《うちわ》を渡した。彼らは怪訝《けげん》な顔で、そそくさと引き

オランダ留学時代の榎本武揚

揚げていったが、「だまされた」と通弁が叫んだ。そこは何と無人島だった。食べ物など何もない。

「やられた」

　と榎本も思った。彼らの方が一枚上手《うわて》だった。しかし命は助かったのだから感謝するしかなかった。この島に舟を漕ぎ寄せた子供連れの現地人がいたので、彼らに手紙を託してこの地域の役所に届けてもらった。やがて七艘の小舟が迎えにきてくれた。何と過日の現地人は、レパル島の長《おさ》で、一行は非常な歓迎を受け、その長がジャワ政庁に連絡してくれたので、軍艦と荷物船で迎えにきてくれた。宿舎のホテル・インドスは快適だった。一行はここで一四日間、船待ちをした。それから三〇馬力ぐらいの蒸気船に乗って、沖合のオランダ客船テルナーテ号に乗り込んだ。

べらんめえと職人言葉

長い航海の末にセントヘレナ島に到着したのは、文久三年（一八六三）二月八日だった。一行は初めての日本人として大歓迎を受けた。異様な服装が目を引いたのだった。ここはナポレオンが失意の日々を過ごした所である。

長林《ロングウッド》の烟雨《えんう》　孤棲《こせい》に鎖《とざ》す
末路の英雄　意転《こころうた》た迷ふ
今日弔来《ちょうらい》の人を見ず
覇王樹《はおうじゅ》の畔《ほとり》鳥空しく啼《な》く

ナポレオンの墓に詣でた榎本は天下の英雄の末路を哀れみ、一編の詩を詠んだ。
ここから赤道直下を通過、ドーバー海峡を越え、ついにオランダのブローウエルスハーヘン港に到着した。長崎を出てから三一五日、江戸からだと実に三二三日である。一年近い大航海だった。翌朝、船はロッテルダムに入り、ここから汽車でライデンに向かった。一行は黒紋付きに袴、両刀を帯び、髷を結っていたので、珍しいとどこも黒山の人だかりだった。

榎本が各地でよく使った言葉が、べらんめえだった。べらぼうめの訛《なま》り、威勢のいい職人言葉である。一行の間でこの言葉が流行し、よく使われた。見るもの、聞くもの、すべてが驚きだった。当時のオランダ国海軍大臣はカッテンディーケだった。かつて長崎海軍伝習所の教官団の団長を務めていた人物である。留学生たちはハーグに移り、それぞれ専門分野に分かれて勉強した。オランダでは日本人の評判が良くなかった。先年、日本から来た使節に同行した従者のなかに、不心得の者がいて無銭飲食を働いたという。

世のなかに厚い皮は数々あれど
日本人の面《つら》の皮ほど厚いものはなかろう

などとやじられた。しかし、今回の留学生は紳士だと評判が高まり、たちまち信用を回復した。榎本は船舶運用術、砲術、蒸気機関学を学んだ。また海の国際法も学んだ。さらに幕府が注文した最新鋭の軍艦の建造にも立ち会い、ヨーロッパ各地も視察した。榎本はどちらかというと理系の人間で、モールス電信機を使いこなし、火薬の製造技術も学んだ。語学の勉強は数ヵ国語に及んだ。

「べらぼうめ」と富士山に感動

榎本は丸三年、オランダで学び、慶応二年（一八六六）一〇月二五日、進水した軍艦開陽丸に乗って帰国の途に就いた。開陽丸はドルトレヒトのヒップス造船所で四〇〇馬力の機関を持つ、施条砲二六門の世界最強の軍艦として建造された。建造費は一九〇万ギルダー。

一体、現在の貨幣に換算するといくらか。日本銀行に問い合わせたが換算不能だった。芸術品のような仕上がりの軍艦だったので、数百億円ぐらいの価値はあったであろう。ちなみにイージス艦は一三〇〇億円台である。原子力空母は三兆円台と言われる。それにしても幕府は思いきった投資をしたものだった。

慶応二年一一月二六日、一行は洋上で新年を迎えた。陽暦一八六七年一月一日である。

シャンパンで新年を祝い、開陽丸はさらに大西洋を南下して、五二日後には、南米のリオデジャネイロに寄港し、燃料を補給した。行くときに比べると四倍、五倍の速さだった。

喜望峰《きぼうほう》を回り、オランダ領東インドのアンボイナを経由すると、あとは一路、日本である。榎本は、アンボイナから開陽丸建造の顧問ホイヘンス大佐に手紙を出した。

「われわれはリオから五八日間の快適な航海を経て、無事にオランダ領アンボイナに着きました。最後の数日間は嵐でしたが、開陽丸は堅牢《けんろう》で、ただの一ヵ所も水もれが見つかりませんでした」

開陽丸での航海は完璧だった。やがて小笠原諸島が見え、富士山が現われ、開陽丸は慶応三年(一八六七)四月三〇日、無事、横浜の港に投錨《とうびょう》した。榎本は富士山が見える頃から、涙が止まらなかった。「べらぼうめ」を連発した。それは祖国日本に対する強い思いだった。

慶喜が開陽丸で逃亡

四年六ヵ月ぶりに見る日本のあまりの変化に、榎本は愕然《がくぜん》とした。幕府の力が低下し、薩摩《さつま》、長州など外様《とざま》大名に蹂躙《じゅうりん》されており、すべて歯がゆいことばかりだった。開陽丸は六月二二日、正式に幕府に引き渡された。この時二一発の祝砲が横浜の港に轟《とどろ》いた。幕府の軍艦奉行は勝海舟だった。勝はただちに榎本を御軍艦組の頭取に任命し、あわせて開陽丸の艦長を命じた。榎本は三三歳で、幕府海軍のナンバー2の座に就いた。結婚もした。妻は共にオランダに留学した医師林研海の妹たつ一六歳だった。

御軍艦組の頭取として、榎本はまず服装の改革に取り組んだ。横浜の外国商人から羅紗《らしゃ》七六反と裁縫用のミシンを購入、乗組員の服装を抜本的に変えた。士官はフロックコートを平常服とし、ズボンを着用させた。乗組員には洋服を着せた。この間、幕府は朝廷勢力と薩長軍に押される一方で、慶応三年（一八六七）一〇月一四日には徳川慶喜が大政奉還を申し出、一二月九日には王政復古の大号令が出され、徳川幕府の辞官、納地が決まった。この後、鳥羽伏見《とばふしみ》の戦いが起こるが、将軍慶喜《よしのぶ》が大坂城からひそかに逃亡、軍艦開陽丸に乗って江戸に帰ってしまった。榎本が作戦会議で、上陸中の出来事だった。

「何だ、これは」

榎本は呆然《ぼうぜん》として、言葉もなかった。

痛恨の開陽丸遭難

幕府は情けなくも薩長軍に江戸城を明け渡し、慶喜は駿府《すんぷ》に移住し、謹慎の日々だった。

「べらんめえ、こんな屈辱には堪えられぬ」

榎本は旧幕府艦隊と陸軍を率いて、蝦夷地に脱走した。軍艦開陽丸がある限り、榎本艦隊は無敵だった。

しかし、榎本に油断があった。抵抗する松前藩の攻撃のため開陽丸で江差《えさし》に向かった。開陽丸は榎本軍のシンボルだった。箱館の海に浮かべておくだけでよかった。それを引き出したのは魔が差したというしかなかった。

江差の海は静かだった。町を歩くと、民家の戸が少し開いて、老婆が恐る恐る顔を出した。何も心配がないとわかると、どこからともなく人が現われ、商人たちも笑みを浮かべて出迎えた。榎本は松前藩の江差役所を本営とし、町の旅館で休憩した。夜半、榎本は風の音で我に返った。ヒューと物凄い音がする。

「開陽が」

榎本は短い言葉を発して飛び出した。風は北西に変わっていた。

高波が砂浜に押し寄せている。

「クダリ（南風）が急にタバカゼ（北西風）に変わった。これは危ねえ」

と地元の人が言った。開陽丸は最初に錨《いかり》を打った地点からさらに左に移動しており、木の葉のように揺れていた。轟々《ごうごう》と轟く海鳴りだった。

どうやら開陽丸が動いている。走錨《そうびょう》だ。榎本の顔から血の気が失せた。激しい風浪で錨が利かなくなり、船が流されている。

「篝火《かがりび》を燃やせ、端艇《たんてい》を出せ」

榎本の顔は蒼白である。急ぎ出した端艇は押し戻され、進むことは不可能だった。

黒雲が夜空を埋め、物凄い烈風である。間もなく、猛吹雪となり、もう何も見えない。

ボオー、ボオー、ボオーッ。

断末魔のように警笛が鳴った。SOSを知らせる信号灯であろうか、吹雪の間からキラリと光が見えた。冬、蝦夷地の海では風速二〇〜三〇メートルを超す風は日常茶《にちじょうさ》飯《はんじ》事だった。目の前の開陽丸は進退きわまり、岩場に乗り上げ動けなくなっている。榎本は、両手で顔を覆い、号泣した。

停泊した時、風は南風だった。風が強まりそうだったので開陽丸は南風を避けて鴎《かもめ》島《じま》の後方に移動して、錨を打った。ところが、間もなく南西、次いで西の風に変わり、突然、北西に転じた。風圧のため錨を引きずって開陽丸は流れ出した。停泊地点の隣が岩盤というのも迂闊《うかつ》だった。マスト、煙突、甲板上に立っているすべての物体が唸《うな》りを上げ、そこへ白浪が叩きつけた。榎本の運命はこの時に決まった。

小野友五郎や福沢諭吉がアメリカ海軍と交渉し手に入れた軍艦ストーンウォール号が明治新政府軍の手に入った以上、もはやどうにもならなかった。箱館港を奪われ、五稜郭《ごりょうかく》にも砲弾を撃ち込まれ降参した。

おれは榎本じゃ

榎本は箱館戦争の首謀者として捕らえられ、東京の辰口《たつのくち》牢獄、兵部省糾問所付属《ひょうぶしょうきゅうもんじょ》の仮監獄に送られた。この牢屋は数個の房に分かれていて、到着早々榎本はじめ大鳥《おおとり》圭介《けいすけ》ら六名の敗将たちは、一人ずつ各房に入れられた。入れられるや否や、その房の牢名主が傲然《ごうぜん》と榎本に罪状披露を要求し、「娑婆《しゃば》」にいたとき、どんな悪事をしてきたか、名を名乗れと怒鳴った。

「おれは箱館戦争の榎本じゃ」

と言うと、一同大いに驚いて平伏し、それから榎本はたちまち牢名主となり、その晩から榎本の肩や腰をもむやら、食事の時の世話をするやらで、監獄の総裁になってしまった。

敵将黒田《くろだ》清隆《きよたか》が榎本にほれ込み、また福沢諭吉も釈放に向けて骨折ってくれた。長州の木戸《きど》孝允《たかよし》が厳罰を主張したので、黒田は頭を丸めて助命嘆願に努めてくれた。釈放まで二年半かかったが、市井《しせい》の無頼の徒と同じ房内で生活を共にしたので、榎本の人間的な幅が広がった。

晩年に宴会の席で都々逸《どどいつ》や清元《きよもと》などを謡《うた》って粋大臣の名声を博したのも、この時代に房内の囚人から教わったおかげだった。

特命全権公使

釈放後、榎本は黒田清隆に仕え、北海道開拓使で働いたが、明治七年（一八七四）一月、海軍中将兼特命全権公使露国公使館在勤を命ぜられ、三月七日には樺太《からふと》境界の問題に関して、ロシア政府と談判するため全権を委任された。そして三日後の一〇日朝に全権一行は横浜を出航し、インド洋を横切りスエズ運河を通過して、ベニスに上陸し、汽車にてスイスを経てフランスに入り、そこからオランダに向かった。かつてオランダ留学中に知りあった人々と再会して、ドイツに入り、五月二八日に首都ベルリンに到着した。

六月七日頃にベルリンを出発して一路ロシアの首都ペテルブルクに向かい、七月八日にはロシア皇帝アレクサンドル二世に謁見した。ロシアは国内政情不安で、革命運動が起こっており、アレクサンドル二世は一八八一年、人民主義者（ナロードニキ）によって暗殺される。

榎本は明治七年から明一一年（一八七八）までロシアに滞在したが、樺太問題は難航した。何度かの会談の末、樺太はロシアに譲渡する、その代わり日本は千島列島を領有することで決着したが、国民からは不評で、榎本はずいぶん、叩かれた。

今次の太平洋戦争の敗戦で、日本は千島列島を奪われたまま今日に至っている。その後、榎本は駐清特命全権公使に転じ、中国に滞在した。この時期、清国とフランスの間で戦いがあり、朝鮮半島では、独立党と事大党が争い、これに巻き込まれて日清間の軍事衝突も起こった。榎本は日々、情報取集に奔走し、清国兵が日本人四〇人余を殺害する事件が起こった際は、北洋大臣直隷総督李鴻章《りこうしょう》と談判し、天津《てんしん》条約の締結に尽力した。

数々の大臣を歴任

榎本は明治政府に出仕して以来、伊藤博文《いとうひろぶみ》の信頼がきわめて厚かった。帰朝直後の明治一八年（一八八五）一二月、榎本は伊藤総理によって逓信《ていしん》大臣に任命され、伊藤総理退任後、黒田総理の下でも留任し、二二年（一八八九）三月までその職にあった。当時の諸大臣のうちで逓信大臣は、どちらかといえば、伴食《ばんしょく》大臣であった。実力、実権共にない、お飾りの大臣という意味である。だが榎本自身にとっては、逓信大臣は決して伴食大臣ではなかった。榎本はむしろその本領においては技術者であった。しかも電信技術の移入に関しては日本の草分けと言ってよかった。明治五年（一八七二）に品川・横浜間に鉄道が初めて敷設されたが、以来、鉄道事業は急速に発展し、それにともない電信事業も発展し、榎本は持てる力をフルに使って大臣の職務をこなした。

榎本はその勲功によって子爵の位を授与された。外交官として、樺太・千島の交換条約を締結し、天津条約の締結の時に伊藤大使を補佐したことが主な勲功であった。朝敵の汚名を受けた榎本がその敵対者であった明治政権の下で、栄爵を得たということは時代の変化を表わすと同時に、榎本の実力が高く評価された結果だった。

これについて福沢諭吉は「榎本には瘠我慢《やせがまん》がない」と批判した。それはどうだろうか。榎本の立身出世は、財界人の渋沢栄一《しぶさわえいいち》と同じように、幕臣の意地を示し、相手に認めさせたことであり、福沢の批判はさほど世間から評価されなかった。その後、榎本は文部大臣、黒田内閣の農商務大臣、松方内閣の外務大臣を歴任した。本来、総理大臣の器だったが、幕臣である以上、それは無理だった。

情にもろく借金に苦しむ

榎本の性格は資性淡泊《しせいたんぱく》、篤実《とくじつ》、快潤《かいじゅん》、そして綿密で、情にはもろく、直情的であったと加茂儀一著『榎本武揚』（中央公論新社）にある。逓信大臣の時、帰宅の途中、垢《あか》じみた袷《あわせ》一枚で寒そうにして歩いている男を何気なく見ると、箱館五稜郭の勇士石川治兵衛であった。馬車を止めて彼から事情を聞き、早速自宅に連れていって逗留《とうりゅう》させ、就職も世話した。涙もろい榎本は、困った人に泣きつかれると借用証に印を押してしまい、いつも借金に苦しんでいた。江戸の侠客《きょうかく》新門辰五郎《しんもんたつごろう》とも交友があった。辰五郎が明治八年（一八七五）に死んだ後、その遺族を自邸に引き取って世話し、その子の死亡後、孫を学校へ入れて薫陶した。明治三〇年（一八九七）、二度目の農商務大臣退任後は、もっぱら公共のために全身を捧げ、葵会、徳川育英会、気象学会、

べらんめえの生涯

日本電友協会などの公共団体の会長あるいは名誉会長を務めた。東京農大の前身育英黌《いくえいこう》農学科も創設した。

酒はかなりいける方で、茶碗酒を好み、冷や酒に親しんでいた。詩歌を詠み、晩年を風流人として暮らした。明治四一年（一九〇八）七月一三日、病に伏し、一〇月二六日、七三歳でこの世を去った。

葬式は盛大で、「江戸っ子葬」とも言うべきにぎやかさだった。迷わずぶれないべらんめえの豪快な生涯だった。

第四章　原　敬

――薩長藩閥政治に鉄鎚を下した名宰相

歴代最強の総理

我が国の歴代総理のなかで、最強の総理は旧南部藩出身の原敬《はらたかし》といわれている。これには歴史家、政治学者も含めて異論はない。原敬の伝記を最初に書いたのは、元政友会の担当記者、ジャーナリストの前田蓮山《まえだれんざん》である。前田はいつも原敬を取材する立場にあった。いつの間にか原の虜《とりこ》になった。

実は私もその一人である。本棚に『原敬日記』全六巻を積み上げ、その横に分厚い『原敬全集』上下巻を並べ、何年も前から眺めている。盛岡市の生家、原敬記念館、原敬が眠る大慈寺《だいじじ》にも何度となく出かけた。伝記にトライするためだった。しかし、筆を起こすことができずもう何年も書けないでいる。実はこれが原敬に関する最初の小文になる。なぜ私が原敬に惹《ひ》かれ続けてきたか。それは私が書き続けている戊辰《ぼしん》戦争との関連においてであった。

原敬には少年時代、母親から何度も聞かされた話があった。慶応四年（一八六八）、幕府が瓦解《がかい》して薩長《さっちょう》が天下を取った。奥羽の奥に位置する南部藩は、幾分、中央情勢に疎《うと》い部分があった。薩長の行動は乱暴に見えた。会津藩が朝敵として攻撃されることも、合点がいかなかった。当時の南部藩の指導者は楢山佐渡《ならやまさど》といった。京都に出向いて、薩摩《さつま》藩邸を訪ね西郷隆盛《さいごうたかもり》に面会を求めた。西郷は部屋の中で大胡坐《あぐら》をかいて牛鍋を囲んで談論風発《だんろんふうはつ》している最中だった。佐渡は散々待たされたあげく、西郷の話がさっぱり聞き取れなかった。薩摩弁と南部弁では、まったく通じなかった。何が何だかわからないままに、会見は終わってしまった。佐渡は憮然《ぶぜん》として帰り、「まったくあきれはてた奴らだ。武士の作法も地に落ちた」と憤慨した。この時、佐渡は長州の木戸孝允《きどたかよし》にも会っている。

「何しろ堅苦しい人物で、話し合えなかった」

木戸は語った。対話にならないまま南部藩は仙台藩と共に会津藩を支援し、薩長と戦うことになる。秋田藩が奥羽越の攻守同盟を裏切った時は、兵を率いて秋田に攻め込んだ。盛岡では佐渡のことを「佐渡さん」と呼んでいる。全藩から信頼があり、皆、懸命に戦った。しかし敗れて賊軍となり、佐渡は盛岡の報恩寺で切腹した。三九歳、まだまだこれからの人だった。じっと、この悲劇を見つめていた少年が原敬だった。

一人の復讐者

南部藩は二〇万石の大藩だった。原敬の家は上級武士で、石高二二六石余、家老加《か》判《はん》の家柄だった。家老加判というのは家老の決裁書に、連書する役目である。

幼名は健次郎《けんじろう》、羽織袴《はかま》で大小を差し、白足袋《しろたび》に草履《ぞうり》を履き、若党と共に寺子屋に通った。そんな健次郎を生意気だと、悪童たちが待ち伏せた。すると健次郎は、

「この野郎」

と、やおら刀を抜き、斬り込んでいった。ガキどもは大慌てに慌てて逃げ惑った。日頃はおとなしい少年だったが、いざとなれば刀を抜く気力があった。楢山佐渡が切腹した日、健次郎は終日、報恩寺の周辺にたたずみ、悔し涙を流した。この時一二歳だった。

南部藩は住みなれた盛岡を追われ、仙台藩領の白石《しろいし》に強制移住させられた。前田蓮山は『原敬伝』の冒頭にこう書いた。

斯《か》くして南部藩は亡《ほろ》びた。然るに天は、一人の復讐者、雪辱者を残した。

健次郎はこの時の無念を、深く心に刻みつけて、終生忘れなかった。彼は後年、雅号を一山《いちざん》と称した。逸山と署したこともあった。その一山は、一山百文《ひとやまひゃくもん》の略だった。一山百文というのは、戊辰戦争で勝ち誇った薩長人が、敗残の東北人を潮笑《ちょうしょう》した蔑《べっ》視《し》の言葉だった。原敬の政治の原点は、戊辰戦争の惨敗にあった。東北に着せられた朝敵、賊軍の汚名をいかにして雪《そそ》ぐか、その一点で原敬は政治家を目指す。

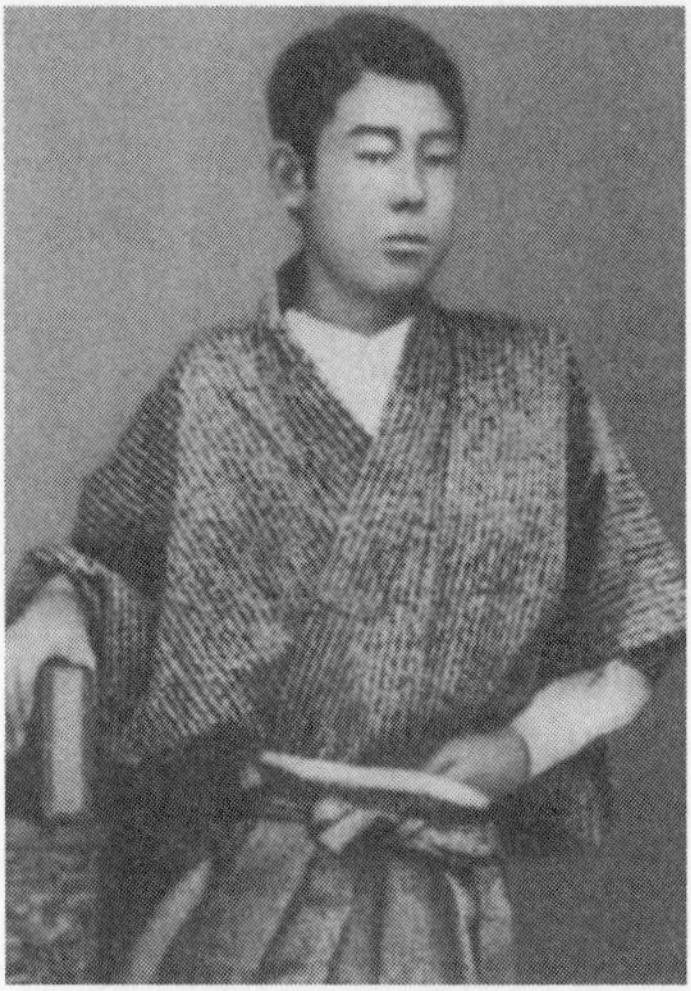
明治５年、上京当時の原敬

賊軍となったため一家は収入もなくなった。東京に出た健次郎は藩の共慣義塾、カトリック神学校などを経て明治九年（一八七六）、官費で学ぶ司法省法学校に合格した。官吏養成の学校で、合格者一〇四人のうち二番の成績だった。外務省の交際官養成所や海軍兵学校も受験したが、こちらは合格しなかった。

学内騒動で退学処分

司法省法学校は、のち東京帝国大学法学部に吸収されるが、原敬は、その前に退学している。

在学中の原敬は常に角帯、白足袋で過ごし、さすがに南部藩家老職の次男坊の雰囲気を漂わせていた。しかし非常に強情で、議論好き、止まるところを知らなかった。類は友を呼ぶ、原の同志は仙台の国分《こくぶ》高胤《たかみね》、津軽の陸実《くがみのる》だった。のちに国分は青厓《せいがい》を名乗り、明治、大正、昭和の大詩人となり、陸は羯南《かつなん》という難しい名前で大活躍する。

この学校の校長は薩摩人だったので、三人が集まると、校長の悪口を散々言って東北同盟の結束を固めた。もう一人愛媛の加藤恒忠《かとうつねただ》も加わった。松山藩も維新の際、朝敵とされ、藩主が官位を剥奪《はくだつ》されていた。

「お前は我らの仲間だ」

原が認めたので、四人組となった。この学校の修業年限は八年である。予科三年の時に学内騒動が起きた。寄宿舎の食事の質が落ちたことが原因だった。騒いだ学生が禁足処分になった。この処分を不服として原は司法卿にまで問題を持ち上げ、首謀者の禁足処分を撤回させたが、面目丸潰れの校長は成績不良として原ら一六人を退学処分とした。

四人組は全員退学である。

薩長閥を打倒せんと新聞記者に

「官吏になどなるものか」

「新聞社に入って民権を鼓舞し、次に国会議員になり、それから薩長閥を打倒する」

四人組は東京の安宿で息巻いた。全員、新聞社を目指すことにした。原は郵便報知新聞社に潜り込み、フランス革命と明治維新を対比した社説を書き上げ、たちまち注目を集めた。

給料もそこそこ出たので、原は時折吉原にも出かけ、女中や芸者にも大いにもて、原の下宿に押しかける芸者もいて、部屋から三味線の音も聞こえた。しかし一ヵ所に長く留まる原ではない。考えることがあって郵便報知を退社し、今度は大阪の大東日報の主筆に転じた。ここは伊藤博文《いとうひろぶみ》、井上馨《いのうえかおる》、山田顕義《やまだあきよし》ら長州閥をバックにした御用新聞社である。

薩長と一線を画していた原だったが、現実の政治を動かしているのは、薩長である。ここは利巧に立ち回って敵陣に乗り込むのも悪くはない、というしたたかな計算もあった。

原は早速、外務卿井上馨と親交を結び、朝鮮問題で下関へ井上に同行取材をした。

鶴の一声で外務省御用掛

ところが「船頭多くして船山に上る」の喩《たと》えどおり、大東日報は経営が行き詰まり、原は在職五ヵ月で職を失った。

「まあ、わしの所に来い」

井上が原を外務省に押し込んだ。外務卿なので鶴の一声だった。外野で騒いでいるだけでは駄目だと、つくづく思った。原はフランス語ができたので最初は交信局でフランス語の翻訳を担当した。それから、文書局兼務となり、官報発行を担当した。慣れた仕事だった。広島に出張中、電報が来て、急転直下、外交官としての転出命令だった。

「なんという速さだ」

原は井上馨という人物に驚嘆した。井上は原が最も嫌う長州人だった。しかし、そのキャリアは、すべてにおいて別格だった。天保《てんぽう》六年（一八三五）の生まれなので、原より二〇歳ほど上になる。幕末維新を嵐のように駆け抜けてきた人だった。

藩校明倫館《めいりんかん》から江戸に遊学、江川太郎左衛門の塾に学んだこともあった。血の気が多く、高杉晋作《たかすぎしんさく》らと品川御殿山の英国公使館焼き討ちを実行した。その後、伊藤博文らと英国に留学、そのさなかに連合艦隊の下関攻撃が起こり、あわてて帰国、藩内抗争で刺客に襲われ、重傷を負ったりして、波瀾万丈の日々だった。新政府でのスタートは外国事務掛《がかり》で、民部大丞《たいじょう》、大蔵大丞、元老院議官、特命副全権として日朝修好条規を結び、欧米に出かけ帰国して工部卿、外務卿の職にあった。

面倒見のいい人で、頼ってきた会津の少年日下義雄《くさかよしお》を大阪英語学校に入れ、アメリカに留学もさせた。欧州視察の際は日下を同行させ、日下は内務権大書記官《ごんのだいしょきかん》の職にあった。のちに長崎県や福島県の知事を務めている。日下の弟の和助は白虎隊《びゃっこたい》の隊士で、飯盛山《いいもりやま》で自決していた。原は井上のそうしたこだわらないところが好きだった。東北をさげすむこともなかった。

「原君、外交官は妻の同行が望ましい」

と井上が言った。

「はい」

「誰かおるのか」

「いいえ」

原はそう言ってしまった。原には郵便報知時代から懇意にしていた吉原の茶屋の「およし」がいた。「およし」の名前が口から出かかったが、言えなかった。

「そうか、わしが見つけておいた」

井上は事もなげに言った。ほかの人が聞いたら羨《うらや》ましがる話だった。世話してくれる人が外務卿である。外務省の職員としてこれほどの話はなかった。

「君も知っておるだろう、中井《なかい》の娘だ」

井上はもう決めていた。中井弘《ひろし》とは元薩摩藩士で、原も会ったことがあった。

天津から花のパリへ

外交官の仕事は意外に過酷だった。明治一六年（一八八三）一二月三日、原は明治天皇に拝謁し、赴任のご挨拶を申し上げ、三日、中井の長女貞子《さだこ》と結婚式を挙げ、五日、横浜から中国天津《てんしん》に向かった。原二七歳、貞子一五歳だった。貞子はまだ跡見女学校の生徒だった。

あとで考えると急ぎ過ぎた結婚だった。年齢も含めてどこかに無理があった。天津は環渤海《かんぼっかい》地域の経済的中心地だった。軍事基地でもあり、清代には直隷総督の駐屯地とされ、李鴻章《りこうしょう》や袁世凱《えんせいがい》が、ここを拠点としていた。

神戸、長崎を経て上海に到着、そこからが大変だった。船で芝罘《チーフー》に向かい、そこからは馬車だった。

一行は原夫妻、従者の徳丸作蔵、女中、中国研究生の青年の五人だった。女中の

「むめ」は上海で病気になり、帰国した。赴任地まで一六日かかった。行程一四〇〇

里、くたくただった。貞子はあまりのことにふさぎ込み、家庭生活は日々、暗いもの

だった。領事館といっても周囲には何もなく、後ろに公園があったが、草花が生えて

いる程度だった。波止場に人足の長屋があったが、不潔きわまりなかった。領事館の

ガラスは二重ではなく、冬はいくら火を焚いても暖まらなかった。

原は何でも体当たりで仕事に臨んだので、李鴻章も原を信頼した。原はここで得た

情報を井上や伊藤博文に送り続けた。明治一七年（一八八四）、朝鮮の日本公使館が

襲撃される事件が起こったが、原はいち早くこれをキャッチ、北京公使の榎本武揚

に打電した。榎本を立てるあたりもなかなかのものだった。明治一八年（一八八五）

五月、原は七等官相当、年俸三〇〇円に昇格、パリ公使館勤務となった。一〇月一

三日、横浜から英国の汽船カシガルに乗船、一二月三日、パリに着任した。当初は

日々、フランス語の学習だった。大学で勉強もした。妻は外国はこりごりだと言って

パリには来なかった。

賊軍では次官どまり

原はフランスやドイツの情勢を随時、井上に書き送った。赴任して一年半後、ようやく妻がパリに来た。妻は病気がちだった。明治二一年（一八八八）、外務大臣が井上から大隈重信《おおくましげのぶ》に代わったためパリ勤務は終わり、帰国した。

原の次の仕事は農商務大臣に転じた井上の下での農商務省参事官であった。井上が定年退官後、原は紀州藩出身の陸奥宗光《むつむねみつ》に出会い、農商務大臣、外務大臣時代と二度にわたって仕え、外務省通商局長に抜擢《ばってき》された。

「原君、賊軍は官僚世界では、せいぜい次官どまりだ。見切りをつけるべし。君の能力がもったいない」

と忠告された。それは覚悟していたことだった。

「わかりました」

原は答えた。次の目標は念願の政治家だった。その前に資金を作る必要があった。

一時期、原は大阪毎日新聞社の編集総理、社長を務め、明治三三年（一九〇〇）、時の伊藤博文の呼びかけに応じて政界入りを果たした。原は大阪で何度も伊藤に会っていた。

清五郎の人力車

原は伊藤博文の政友会の創設に加わり、たちまち幹事長に選ばれ、第四次伊藤内閣の逓信大臣に就任した。長州の領袖《りょうしゅう》、伊藤博文が賊軍の原を認めたのだ。

原敬、四四歳だった。原は早速、故郷に帰った。大変な歓迎だった。

「やあ、お前さん、斎藤さんでがんしたなあ」

原は南部弁丸出しで人々を迎えた。原の家で働いていた清五郎の姿が見えない。

「どうした」

と聞くと、その後、清五郎は不幸続きで非常に困窮し、人力車夫になっているという噂だった。

「探してくれ」

と言って四方八方探して清五郎を見つけ、家に呼んで慰め、以後、帰省した時は、いつも清五郎の人力車に乗った。それを聞いた盛岡の人々は涙した。

原は明治三五年（一九〇二）八月の総選挙で盛岡市から立候補し、初当選を果たした。これ以降、原はいつも無投票当選だった。兄は盛岡の郡長であり、選挙は盤石だった。

内閣に入ってみると、伊藤は意外にも闘争心が少なく、妥協性、調和性に重きを置く政治家だった。これは意外だった。すでに功成り、名を遂げており、それでよかったのだった。

間もなく伊藤は枢密院《すうみついん》議長に転じ、西園寺公望《さいおんじきんもち》が政友会総裁となり、桂太郎《かつらたろう》のあと総理に就任した。原は内務大臣を拝命した。

内務大臣時代、原が大々的に行なったのは地方官の異動だった。古すぎる知事六人を休職とし、総数七五人の人事異動を行なった。知事としての自覚も責任感もなく、地方長官会議で原から追及されると、答えに窮する長官は、ことごとく異動させられた。また郡制を廃止し、小選挙区制の導入などをはかった。原は大正二年（一九一三）までに大臣に五回なった。

爵位を断る

原が大臣を重ねるたびに、爵位を授与する話が出た。しかし、その都度断った。「華族は大嫌いだ。代議士が爵位をほしがるようではねえ」といつも前田蓮山に言っていた。大正三年（一九一四）六月一八日、原敬は第三代政友会総裁になった。

原の人心掌握法は虱《しらみ》つぶしだった。一人一席会といって、めぼしい代議士、役人、あるいは新聞記者などを食事に招き、遠慮なく意見を述べさせた。それは人物評価の場でもあった。またこれはと思う人物はとことん追いかけ、要職につけた。名刺を出す者がいると、その人間の顔をじっと見つめ、それからもう一度、名刺を見た。

戊辰戦役は政見の異同のみ

大正六年（一九一七）九月八日、原は盛岡市の報恩寺で行なわれた戊辰戦争殉難者

「賊軍」最初の総理に

の五十年祭で、世紀に残る大演説を行なった。寺を埋め尽くした満員の盛岡市民を前にして、原は厳かに祭文を読んだ。

同志相謀り旧南部藩士戊辰殉難者五十年祭、本日を以て挙行せらる、顧《かえり》みるに昔日《せきじつ》も亦《また》今日の如《ごと》く国民誰か朝廷に弓を引く者あらんや、戊辰戦役は政見の異同のみ、当時勝てば官軍負くれば賊との俗謡《ぞくよう》あり、其《その》真相を語るものなり、今や国民聖明の澤《たく》に浴し、此《この》事実天下に明らかなり、

諸子以て瞑すべし、余偶々《たまたま》郷に在り、此祭典に列するの栄を荷《にな》ふ、乃ち赤誠《せきせい》を披瀝《ひれき》して諸子の霊に告ぐ。

大正六年九年八日　旧藩の一人

原敬

盛岡の人々は嗚咽《おえつ》して、原の祭文を聞いた。今や原は政友会総裁であり、次期総理は目前であった。原はあの五〇年前の雪辱を果たすべく、政治の場に身を置き、薩長藩閥政治の真っ只中に身を投じ、長州の井上馨、伊藤博文、山県有朋《やまがたありとも》らを説き伏せ、対外的には対米協調路線を敷き、シベリア出兵を抑制し、軍部の統帥権にもメスを入れんとした。

大正七年（一九一八）、原敬は第一九代総理に就任した。賊軍からは最初の総理だった。東北、越後の人々は狂喜乱舞《きょうきらんぶ》した。

その死

原は現職中の大正一〇年（一九二一）一一月四日、東京駅で中岡艮一《なかおかこんいち》に暗殺された。後妻の浅子は、黒髪を断ち切り、黒羽二重の喪服を着て、原を納棺した。最初の妻はすでに、この世を去っていた。原は遺言状を残しており、

「墓石の表面には余の姓名の外《ほか》戒名は勿論《もちろん》位階勲等記すに及ばず」

とあった。

国民はこれを知って深い悲しみに包まれた。旧南部藩の人、原敬六五歳。東北人の期待を背負った執念の生涯だった。

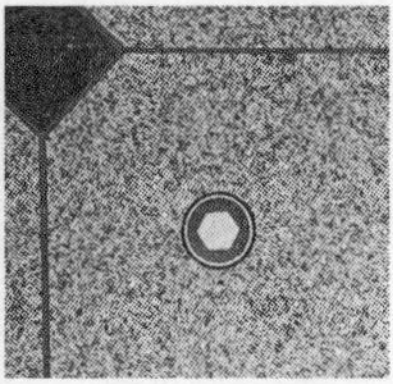

左：東京駅丸の内南口券売機近くの原敬が暗殺された現場
上：暗殺場所の床に埋め込まれたマーク
下：遭難現場の銘板

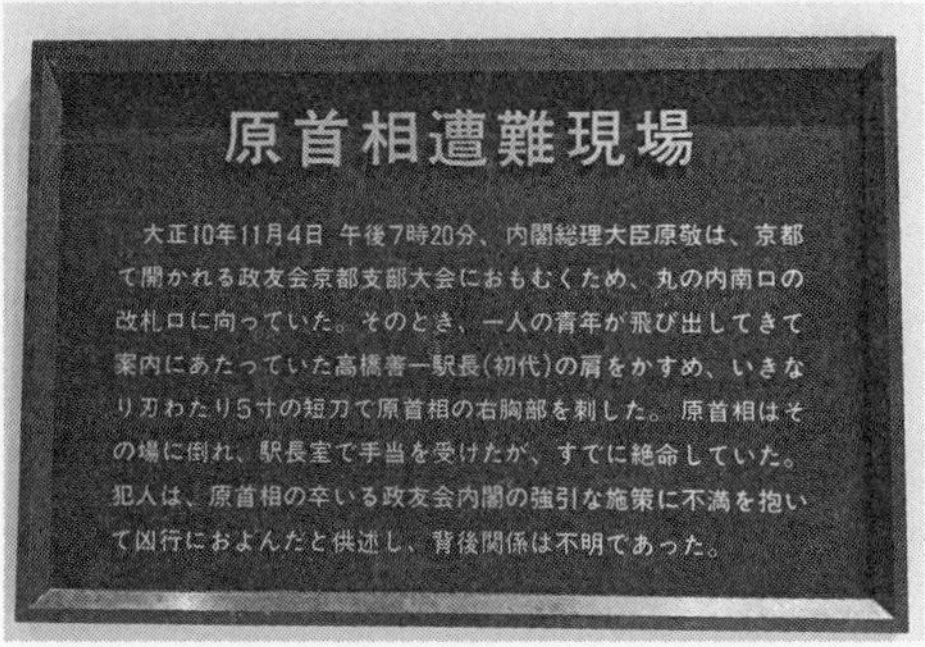
原首相遭難現場
大正10年11月4日 午後7時20分、内閣総理大臣原敬は、京都
で開かれる政友会京都支部大会におもむくため、丸の内南口の
改札口に向っていた。そのとき、一人の青年が飛び出してきて
案内にあたっていた高橋善一駅長(初代)の肩をかすめ、いきな
り刃わたり5寸の短刀で原首相の右胸部を刺した。原首相はそ
の場に倒れ、駅長室で手当を受けたが、すでに絶命していた。
犯人は、原首相の率いる政友会内閣の強引な施策に不満を抱い
て凶行におよんだと供述し、背後関係は不明であった。

第五章

山川健次郎

――東京帝大総長となった白虎隊隊士

けたたましい半鐘の音

慶応四年（一八六八）八月二三日早朝、若松城下にけたたましい半鐘の音《ね》が響いた。半鐘は敵侵入を知らせるもので、城に入る者、郊外に逃れる者で、城下はたちまち大混乱に陥った。のちの東大総長山川健次郎《やまかわけんじろう》は、この時一四歳だった。兄大蔵《おおくら》は日光口の部隊長として戦っていた。

「芋侍め、来おったか」

祖父は鉄砲を担いで城に向かい、

「早く、早く」と母が、金切り声を上げた。いざというとき、一家は籠城《ろうじょう》して戦うことを決めていた。健次郎の家は女系家族だった。留守を預かるのは祖父と母、双葉、美和、操の三人の姉、兄嫁の登勢、二人の妹と健次郎の九人だった。双葉には二歳の幼児がいた。三人の姉は、大小を腰に差し、なぎなたを手に城に向かった。外は昨夜からひどい雨だった。

「男はお前だけですからね、しっかりするのです」

姉たちに叱咤《しった》され、健次郎が先頭に立って走った。鉄砲を背負い、懸命に皆を先導した。

健次郎には「青瓢箪《あおびょうたん》」というありがたくないあだ名がついていた。一度は白虎隊《びゃっこたい》に入隊したのだが、体力がなくて鉄砲を担げず、一四歳の健次郎は除隊になった。

「まったくしょうがない弟だこと」

姉たちは健次郎のふがいなさに、半ばあきれていた。二歳の幼児は乳母がしっかり抱いて、後ろに従った。女中はご飯を入れた櫃《ひつ》を背負い皆を追いかけた。

城門の辺りは、すごい人で、殺気立った兵士が「早く、早く」と叫んだ。後方には火の手が上がり、砲声が轟《とどろ》いた。女中は城門の前で、「これを」と叫んで、ご飯の櫃を姉に手渡し、乳母は幼児を抱いたまま姿が見えなくなっていた。上の姉は気がふれたように叫んだが、そのうちに城門が閉まってしまい、姉の声はかき消された。母が乳母に預けたのだった。これは賢明なことだった。

城門のあたりは混乱をきわめていた。どの顔も目が血走っていた。会津兵の大半は国境の警備に出払っており、城に残っていたのは老人と白虎隊の少年だけだった。敵は母成《ぼなり》峠の間道から一気に会津盆地に攻め込んだのだった。

地獄を見た

健次郎は籠城戦で地獄を見た。殺到する薩長《さっちょう》軍は城門に迫り、城門を突破する勢いだった。老人が槍を抱えて突進し、銃弾を浴びて次々に殺された。婦女子も鉄砲を取って戦った。健次郎は何をしていいかわからず、城内を走り回るだけだった。

「何をしてるのですか」

操姉に見つかり怒鳴られた。操は髪をバッサリ切り、どこからか鎧《よろい》を見つけて身にまとい、まるで男のような格好をしていた。これには母も唖然《あぜん》としたようで、

「その格好は何ですか。操は何をしでかすかわからない子です」

とあきれた顔で言った。

「お前も、戦いなさい」

健次郎は操姉に言われ、鉄砲を持って追手《おうて》門《もん》に走った。

この日の会津藩の女たちの活躍は目を見張るものがあった。狼狽《ろうばい》している男たちを尻目に、山本八重子《やまもとやえこ》は着物も袴《はかま》も男装で、両刀を腰に差し、元込めのスペンサー騎兵銃を抱えて城に入り、近づく敵兵に銃弾を浴びせた。弟の三郎が鳥羽伏見《とばふしみ》の戦いで戦死しており、その敵を討たんと三郎の衣装を身につけての入城だった。八重子はのちに新島襄《にいじまじょう》と結婚、同志社大学の前身、同志社英学校を創立、同志社の母といわれる女性である。烈女、猛女であった。

指揮官は大半が国境に出ていたので、指揮命令も著しく統一を欠いていた。老人たちは恐怖と興奮が入り交じり、言うことが支離滅裂だった。健次郎は、何度も高い石垣に登り、街を見つめた。黒煙は天まで上がり、赤い炎がメラメラと走り、藩校日新館《にっしんかん》も火に包まれていた。日新館に収容されていた怪我人はどうなったであろうか。健次郎は胸を痛めた。あとでわかったのだが、突然のことなので怪我人は放置されたままだった。

歩ける者は何とか脱出したが、そうでない者は悲惨だった。這って濠《ほり》に身を投げるのはいい方で、炎に焼き尽くされた者も大勢いた。

敵は追手門まで迫り、城に攻め入らんとする勢いだった。健次郎も石垣の上から鉄砲を撃った。敵の銃弾が何度も石垣に当たってはね返った。夕刻、敵はあきらめて後方に下がった。

この日、会津城下は約一〇〇〇戸の家が焼け、戦死者は数百人に上り、藩士家族の殉難者が二三〇人余を数えた。一時に多くの人が城門に殺到したためさばき切れず、敵が攻め込むのを恐れて城門を閉ざしたので、遅れた者は入城することができなかった。これらの人々は弾丸が飛び交うなかを家に戻ったり、菩提寺《ぼだいじ》に駆け込んだりしたが、もはやこれまでと自刃《じじん》した人も多かった。

郊外に逃れんとした人々は、城下を流れる大川の渡船場に殺到した。沿岸の農民が蓑笠《みのかさ》姿で大勢出て、舟を出して運んだが、増水で舟が転覆し、川に流される婦女子もいた。

家老西郷頼母《さいごうたのも》の家では白装束に身を固めた母律子、妻千重子ら婦女子全員が喉を突いた。家老内藤介右衛門《ないとうすけえもん》の家では両親、妻、長男、長女、それに親戚も加わり菩提寺の泰雲寺で一族そろって自決した。

内藤介右衛門の実弟は政務担当として主君を補佐する家老梶原平馬《かじわらへいま》である。その両親が城内に入れず自刃したことは、いかに敵の侵攻が不意打ちで、城下が大混乱になったかを象徴する出来事だった。

日光口から必死の思いで戻った健次郎の兄大蔵は軍事総督に任ぜられ、会津藩の命運を担うことになった。兄はまだ二〇代である。

「大蔵がかわいそうです」

母が言った。

長州藩奥平謙輔の手紙

若松城を取り巻いた敵の軍勢は三万とも五万ともいわれた。会津鶴ヶ城は天下の名城である。しかし連日、二〇〇〇発もの砲弾を撃ち込まれ、武器、弾薬、食糧にも事欠き、籠城一ヵ月、無念の降伏となった。会津藩は京都守護職として約六年間、京都に駐在、孝明天皇の絶大な信頼を受け、京都の治安維持に当たったが、討幕をもくろむ長州と激しく戦い、幕府瓦解《がかい》後、朝敵の汚名を受け、薩長軍に攻め込まれた。武門の習い、城を枕に戦うしかなかった。死者三〇〇〇人、若松城下は、地獄の光景だった。

降伏後、茫然《ぼうぜん》とたたずむ会津藩首脳に、長州藩参謀奥平謙輔《おくだいらけんすけ》から一通の手紙が来た。会津藩の戦いぶりを褒め、これからは共に手を携えて日本を創ろうというものだった。この手紙に重臣たちは感激し、二人の少年の教育を奥平に依頼した。

選ばれた少年が健次郎と小川亮《おがわりよう》だった。二人は寺の小僧に身をやつし、新潟の奥平のもとに送られた。奥平は、どちらかというと長州藩内では反主流派だった。のちに木戸孝允《きどたかよし》に歯向かい萩の乱を起こし、命を落とす。健次郎は奥平に連れられて東京に向かい、長州藩の江戸屋敷で勉強した。この時代、富国強兵を目指す日本は海外に留学生を送り、海外の知識を吸収し、強国日本を造ろうとしていた。留学はさまざまな分野で行なわれた。健次郎にもチャンスがめぐってきた。提案者は北海道開拓使次官の黒田清隆《くろだきよたか》だった。

「若い者をアメリカに留学させ、そこで学んだ知識と体験を大いに活かして開拓に当たらせねばならん」

黒田はそう言って強引にこれを実現させた。しかし問題があった。当時の政府留学生は原則的に薩摩《さつま》と長州の子弟に限られていた。情実で選ばれるので留学しても勉強についていけず、日本人同士が固まって遊びに明け暮れるのが現実だった。黒田はそれを問題にした。

「薩長の子弟だけでは駄目だ。賊軍である会津と庄内からも選ぶべきだ」

とぶち上げた。黒田の要請を受けた旧会津藩首脳は健次郎を推薦した。健次郎は強運の持ち主だった。敵方の長州人に助けられ、今度は薩摩の黒田によってアメリカ留学のチャンスを得た。黒田は箱館戦争の時、官軍参謀として榎本武揚《えのもとたけあき》の旧幕府艦隊と戦った。妙に一本気のところがあり、この男が好きとなれば、たとえ敵でも褒めた。幕臣が皆、腑甲斐《ふがい》なく恭順したというのに、一人戦いを続ける榎本は、黒田のもっとも好きなタイプだった。

「賊魁《ぞくかい》榎本、誠に得がたき非常の人物」

黒田はそう榎本を評し、榎本の釈放に尽力した。

エール大学に留学

国費留学ともなれば、アメリカでの学費、生活費は国から支給される。しかもその額は年間七〇〇ドルから一〇〇〇ドルという多額なものだった。健次郎は英語をマスターするために、日本人が一人もいない町で勉強し、一年後の明治五年（一八七二）の夏、名門エール大学の予備門、エール大学付属のシェフィールド・サイエンティフィック・スクール（理学校）に見事合格した。理学校としては日本人初の合格者だった。エール大学の理学校はニューヘブンの町にあった。ここは当時のコネチカット州の一年交代の州都で人口七万五〇〇〇人、豊かな牧草地に恵まれ、三本の川が流れ込む河口に面し、ロングアイランド湾に面した貿易港も持っていた。健次郎は、これからの日本は科学技術が大事だと考え、物理学を専攻し、いつも数多くの恩人に感謝しながら勉学に励んだ。

父親代わりだった祖父、強く優しい母親、苦労に苦労を重ねながら会津藩の再興にがんばる兄、怖い姉たち、可愛い妹、そして長州藩の奥平謙輔、薩摩藩の黒田清隆、アメリカでも日々、多くの人に目をかけてもらった。いつもそれを思い浮かべてがんばった。

洋服にネクタイ

明治八年（一八七五）秋、健次郎は日本の土を踏んだ。四年半ぶりの日本である。健次郎は二一歳の青年になっていた。最短でのエール大学の卒業であり、健次郎がいかに努力したか、この卒業が証明していた。

横浜港には姉たちが迎えにきていた。二人の姉は共に職業婦人になっていた。

「よくがんばったね、立派になったわ」

姉双葉が健次郎の肩を叩いた。廃藩置県で会津藩の再興も夢幻となり、下北に残ったのは小参事の広沢安任《ひろさわやすとう》ら約六五〇世帯、一二六〇〇人前後で、そのほかは会津若松の八五〇世帯余、約三五〇〇人を筆頭に全国に散らばった。

兄は日光口で戦った敵軍の将、谷干城《たにたてき》の勧めで陸軍に奉職した。学士号を持っての帰国だったので健次郎の就職先はすぐに見つかった。本来は北海道の開拓のための官吏の養成だったが、物理学を学んだこともあって、東京大学の前身、東京開成学校に就職が決まった。役職は教授補であった。洋服にネクタイ姿の健次郎は、いかにもアメリカ帰りの若手教師といった風情で、颯爽《さっそう》としていた。

　この学校は安政四年（一八五七）に設置された幕府の学問所蕃書調所《ばんしょしらべしょ》に端を発する洋学校で、幕末の騒乱の際、昌平黌《しょうへいこう》や医学所と共に閉鎖の運命にあったが、明治二年（一八六九）復活した。大学南校と呼ばれた時期もあった。東京開成学校は法学校、化学校、工学校、諸芸学校、鉱山学校の五つの専門学校から成っていた。教師は外国人が主で、物理学にはアメリカ人やフランス人の教授がいた。日本人教授は外山正一《とやままさかず》ら四人がいた。教授補は健次郎を入れて九人いた。健次郎は主に実験を担当した。授業は実験と教科書によるものがほぼ半々の形で行なわれ、聴学、熱学、光学、電気学、電磁気学などを週三時間ずつほど担当した。

　東京開成学校は東京医学校と共に明治一〇年（一八七七）四月、東京大学に改編され、健次郎は東京大学理学部教授補に横すべりした。教授補は大半、留学から帰った日本人であった。

　当時の物理学科は一に数学、二に数学、三に数学だった。第一学年の場合、微積分が週五時間、円錐《えんすい》曲線法三時間、力学三時間で物理学の講義はなかった。なじみがないせいか、物理学を学ぶ学生はきわめて少なかった。明治一三年（一八八〇）から一四年（一八八一）の一年間、健次郎が教えた学生はわずかに四〇人に過ぎなかった。化学科、星学科に加えて工学部の学生も含めた数である。その後、物理光学、熱学、音響学などの講座が増えた。毎日、蝶ネクタイを締めて大学に通う健次郎は、自宅界隈《かいわい》の注目の的だった。

近代科学はガリレオ・ガリレイによって始まった。ガリレイは日本でいえば、ポルトガル人が種子島に鉄砲を伝えた時からほぼ二〇年後に生まれている。彼は地球が動いていることを示す地動説を実証した。

物理学とは宇宙の現象に対する科学者としての挑戦だった。こうして物理学が誕生した。健次郎は熱弁を振るって学生たちに講義した。

東京帝大総長に就任

健次郎は在職二五年で理科大学長に選ばれ、さらに東京帝大総長に選ばれた。東京帝大総長は日本の学界、教育界を代表する地位であり、卒業式には総理大臣が臨席し、時には皇太子の行啓《ぎょうけい》もあった。また九州の安川財閥に依頼され、明治専門学校の創設

山川健次郎

にも参画した。現在の九州工業大学である。健次郎は東京帝国大学工科大学の教授たちを連れて九州に向かい、学校の規模、教育方針などを安川に説明した。

当面、採鉱、冶金《やきん》、機械の三学科で出発し、応用化学科、電気工学科の二学科を増設する、他の専門学校は三年制だが、ここは四年間教育することで学校の概要が固まった。学校の敷地は九州戸畑のぼうぼうたる草原で、一〇万坪という広大なものだった。やがて校舎が建てられ寄宿舎ができ、教員の住宅が並び、グラウンドが建設された。

第一回の入学試験は明治四二年（一九〇八）三月に行なわれた。健次郎は自ら英語の試験を担当した。受験生が驚いて見つめると、健次郎はいきなり朗々と英文を読み上げた。健次郎は決して自分を飾ったり、取り繕ったりすることはしなかった。明治四二年四月一日、校舎の完成を待たずに仮開校式が行なわれた。健次郎は入学式の日、

「本校はたんに技術者をこしらえるのみの学校ではない。技術に通じるジェントルマンを養成する学校である」と、生徒たちに訓示した。

健次郎は大正九年（一九二〇）六月、東京帝大を退官した。東京開成学校を含めると、実に四四年にも及ぶ東京帝大への奉職だった。

この間、明治専門学校の総裁、九州帝国大学、京都帝国大学総長を務めた。

晩年の健次郎は妻を早く亡くしたので、長男夫婦との同居だった。私は健次郎の三女照子に会ったことがある。照子は東京都知事東龍太郎《あずまりゅうたろう》の妻だった。

「父は鶴のように痩《や》せていて、いつもしゃんとしておりました。時折白虎隊の話を聞かせてくれたものです。怒ると怖い父でしたが、普段は優しく、母をいたわっていました」

と、照子が言った。

大正一四年（一九二五）二月、今度は七年制の武蔵高等学校から顧問就任の要請があった。現在の武蔵大学、武蔵高校である。

日本の将来のため有為な青年を育てる

創設者の根津嘉一郎《ねづかいちろう》も立派な人物だった。根津は万延元年（一八六〇）、甲斐《かい》国東山梨郡聖徳寺村に生まれた。現在の山梨市である。郷里で村会議員や県会議員を務め、その後、青雲の志を抱いて上京し、電灯、鉄道、ビール、食品、セメント、紡績、保険など多岐にわたる事業を展開した。そして大正の初め五〇代の半ばで、実業界に確固たる地位を築くに至った。当時は第一次世界大戦期に当たり、世界全体が変革期にあった。

高等教育の拡大もその一つだった。建設地は武蔵野の面影が残る北豊島郡中新井村で、二万四〇〇〇坪の広さだった。明治専門学校よりは狭かったが、敷地内には樺《かば》、樫《かし》、桜などが林をなし、小川も流れ、恵まれた環境だった。この段階から相談があり、明治専門学校での経験を話した。校名は最初、東京高校だったが、文部省が同名の高校の設置を計画しており、所在地がかつての武蔵国であることにちなみ武蔵高校になった。

健次郎は七一歳になっていた。顧問なら協力もできようが校長は無理だと断ったが、根津は引き下がらない。

「山川先生、日本の将来はいかに有為な青年を育てるかにかかっています」

ここまで言われて、引き下がることはできなかった。報酬は一切、受けとらないという条件で受けた。

朝敵の汚名を一掃すべく、旧藩主松平容保《まつだいらかたもり》の孫娘節子《せつこ》（勢津子）姫の皇室入りを実現させたのも健次郎の離れ業だった。節子姫の父は主君松平容保の六男恒雄《つねお》で、この時は駐米大使の要職にあった。秩父宮から松平家にご結婚の申し込みがあり、健次郎が旧会津藩を代表して宮殿に参上し、お礼を述べた。

この日、武蔵高校教頭の山本長吉は恐る恐る健次郎にお祝いを申し上げた。

「会津家ご先代の御志が今初めて御上《おかみ》に通じ、定めて地下でお喜びでございましょう」

と言って健次郎に深々と頭を下げた。すると健次郎はハラハラと涙を流し、その涙が校長の机の上にポタポタと落ちた。それから、ただ一言、「ハア」と言っただけで、言葉につまって、何も言うことができなかった。

会津の人々は極寒の地に流され、飢えに苦しみ、極貧の暮らしを強いられた。その会津藩の旧主君の孫娘が皇室に入るのだ。健次郎の胸は張り裂けんばかりであった。

見事な生涯

晩年の健次郎がもっとも力を入れたものに、幕末会津史の編纂《へんさん》事業がある。『京都守護職始末』『会津戊辰《ぼしん》戦史』を編纂し、幕末の会津藩の立場を鮮明にし、あの苦しかった会津戊辰戦争の全容を明らかにした。

口には出さなかったが、無念な思いは消えることはなく、膨《ぼう》大《だい》な資料を集めて史書を編纂した。この二冊は幕末会津史の根

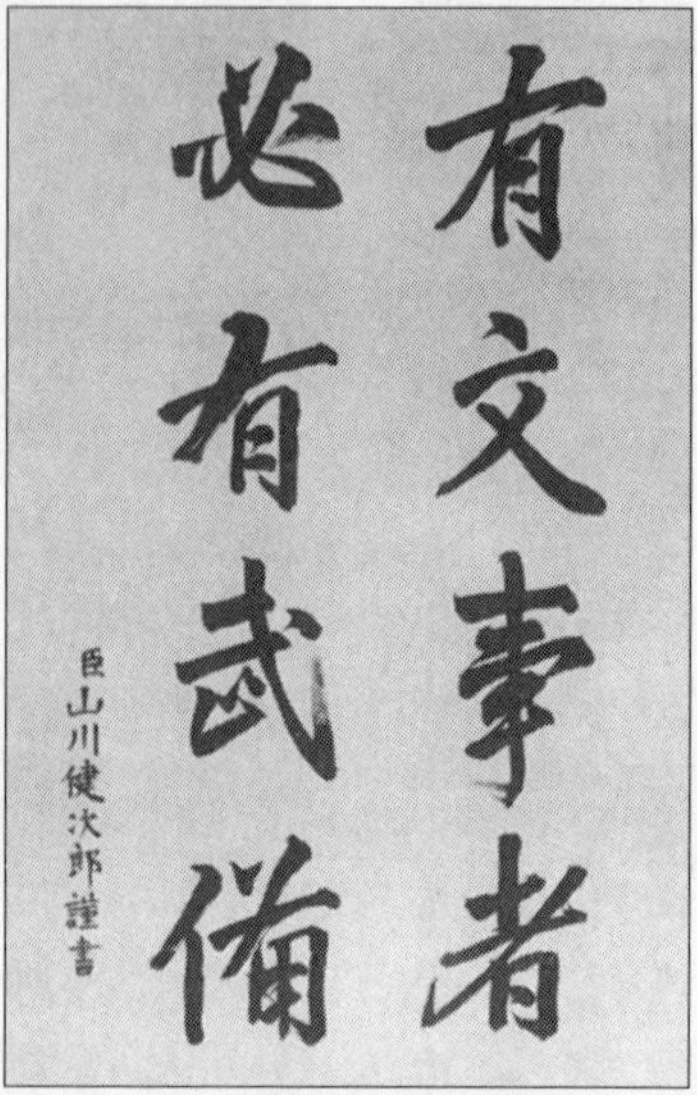

山川健次郎の書

本史料であり、これを抜きにしては、会津の研究は成り立たない名著であった。私の会津に関する作品はすべてこの二冊に負うところが大だった。

昭和五年（一九三〇）、健次郎は持病のリウマチが悪化した。耳の変調に加えさらに頭痛もひどく、東京帝大病院に入院し、鼓膜の切開手術を行なったが、胃潰瘍《いかいよう》を併発した。

恩師奥平謙輔先生の書がある自宅に戻った健次郎が亡くなったのは、昭和六年（一九三一）六月二六日、蒸し暑い日であった。享年七七だった。

数奇な人生をたどった会津人の見事な生涯だった。

第六章 後藤新平

――東京を作り直した水沢の腕白少年

若殿を部下に大いばり

後藤新平《ごとうしんぺい》は戊辰《ぼしん》戦争の時、一一歳だった。生まれ故郷、水沢は仙台藩領だった。現在の岩手県奥州市水沢区である。新聞、テレビによく登場する国会議員の小沢一郎氏の本籍地であり、幕末の蘭学者、高野長英《たかのちょうえい》の生地でもある。昭和七年（一九三二）に水沢出身の斎藤実《さいとうまこと》が第三〇代総理になっている。

斎藤と後藤は共に水沢領主の奥小姓だった。奥小姓は四人いて、各人は四日に一度、朝早くお城に向かい、雑用をこなした。新平の仕事は三度の食事の給仕だった。着たきり雀の着物に身を包み、脇差《わきざし》を差し、冬も素足で過ごした。

斎藤は幼名を富五郎《とみごろう》といった。頭は富五郎の方がよく、富五郎の仕事は各部屋の床の間の掛け軸を取り換えることだった。新平はそれが面白くなかった。しかも生家はどちらも寺子屋だった。生徒は富五郎の家の方が多い。ますます面白くない。

「今にみておれ」

新平は知恵を絞った。領主の家には二、三歳下の若殿がいた。それを手なずけることなど朝飯前だった。新平は若殿を従えて、竹の棒を握り締めて富五郎の家の前に陣取り、寺子屋から出てくる子供たちに、

「おれの家で勉強しろ」

と立ちはだかった。抵抗しようものなら、すぐつかみかかり、髷《まげ》をくしゃくしゃにした。

これは大変効果があった。喧嘩したことが母親にばれ、大目玉を食らうからだった。それだけではなかった。自宅の前でも意地悪を働いた。富五郎の寺子屋に通う子供が通るものなら、「通さない」と竹の棒で打った。

「私も何度、ぶたれたかわからない」

斎藤実も後年、苦笑いしている。後藤新平という男、いずれ何かをするに違いない、と大人たちも舌を巻いた。

やがて戊辰戦争が始まり、水沢の兵も白河に出兵した。総勢四三〇人余の軍勢だった。慶応四年（一八六八）六月一二日からの白河城奪還作戦に加わった。しかし敵の

奇襲作戦に遭い、一七人の戦死者を出し、結局は仙台藩が恭順し、会津藩も一ヵ月の籠城の末に降伏した。

仙台藩士は、領地の大半を没収され、武士の身分を失った。

「お前はもはや侍ではない、脇差を差してはならない」

と父親から言われ、新平は号泣した。

目から鼻に抜ける少年

新平が生まれ育った水沢は、豊かな歴史を持つ風土だった。

あの平泉王朝発祥の地は水沢周辺だし、江戸時代の領主留守《るす》家は、源頼朝の御家人で、陸奥《むつ》の国府に留守職として赴任した由緒ある家柄だった。水沢は仙台伊達《だて》藩の出城だが、格式は伊達家を上回り、水沢の人々は留守家の家中として一目置かれてきた。新平の鼻っ柱の強さは、この水沢の歴史的風土と無縁ではない。

水沢には胆沢《いさわ》県が置かれ、戊辰戦争に勝利した諸藩の人々が役人として赴任してきた。占領軍の進駐だった。知事は大洲藩士の武田《たけだ》亀五郎《かめごろう》、実務を担当する副知事の大参事が熊本藩士の安場《やすば》保和《やすかず》だった。安場は横井小楠の門人で、人を見る目を持っていた。東北は言わば植民地になったのだ。

「こんなバカなことがあるか、言葉もわからず、何ができるんだ」

新平の父親は日々、嘆いた。もっと真剣に戦うべきだったと後悔したが遅かった。

そんな折、安場から「給仕がほしい」と水沢の旧藩役人に話があった。そうなれば新平しかいない。一二歳の新平は安場の給仕になった。脇差を差してもいいというので、新平は小躍りして喜んだ。玄関の掃除、飯炊き、風呂焚き、洗濯、何でもした。気も強かった。朝敵などと言おうものなら安場に食ってかかった。目から鼻に抜ける少年だった。安場は利発な新平が気に入った。安場は水沢を去るとき、新平を東京に連れて行き、同じ熊本県人の荘村省三《しょうむらしょうぞう》の所で勉強させ、福島県令になるや、須賀川医学校に入れて、医学を勉強させた。安場との出会いが新平の生涯を決めた。

愛知医学校

須賀川は福島県の郡山市の隣である。須賀川に医学校ができたのは明治六年（一八七三）だった。修学一、二年で代診からやがて医者になれるという学校だった。新平の成績は抜群だった。一年で代診を務めた。ボロボロの古着を身にまとい、髪は伸び放題、時には、片足に草履《ぞうり》、片足に下駄という奇妙なスタイルで町の大通りを歩き、時折立ち止まって「うおう」と大声でほえた。若い女性に人気があり、「新平に診てもらいたい」と娘が殺到した。

新平は一年半で医師の免許を得て安場が県令を務める名古屋に向かい、愛知県病院に職を得た。安場は特権をフルに使って新平を二五歳で公立愛知病院長、愛知医学校校長に据えた。愛知医学校は名古屋大学医学部の前身である。平成二二年（二〇一〇）に名古屋で日本外科学会が開かれた時、私はお招きを受けて後藤新平について語った。

新平はしばしば、どでかいことに遭遇する。

板垣退助《いたがきたいすけ》の遭難もそうである。明治一五年（一八八二）、板垣退助が岐阜の郊外で暴漢に刺された。新平が診察すると一週間程度の軽い傷である。にもかかわらず、大げさに唸《うな》っている。

板垣は官軍の参謀として、東北を攻めている。新平はそれが気に入らない。

「ご負傷だそうですが、ご本望でしょう」と一発かませてやった。板垣は「板垣死すとも自由は死せず」と叫んだと『自由党史』にあるが、それはのちの作り話である。

薩長閥に入りこむ

新平は二六歳の時、内務省衛生局に転出した。安場の次女和子と結婚し、安場は義父になった。安場は新平の立身出世のために全力投球をする。うるわしい家族愛であった。

当時、医者はドイツ留学を果たさないと半人前だった。念願のドイツ留学を終えた新平は内務省衛生局長に就任する。しかし旧相馬藩主に関係するお家騒動に巻き込まれ、衛生局長のポストを失ったが、そんなことで抹殺される新平ではない。

折から日清戦争の帰還者の検疫をどうするか、という頭の痛い問題が起こった。前衛生局長の出番である。新平は凱旋《がいせん》する将兵二三万人の検疫をスムーズに行ない、検疫の最高責任者、長州閥の児玉源太郎《こだまげんたろう》の信頼を得た。児玉を通じて長州閥の最高実力者伊藤博文《いとうひろぶみ》に接近、まんまと内務省衛生局長に返り咲いた。新平は、官軍、賊軍にこだわらない人だった。会津人のように徹底的に薩長《さっちょう》と戦ったわけではない。

原敬とは大分、違っていた。その辺には仙台藩の柔軟な気風が与《あずか》って力があった。

次に赴任した台湾は日清戦争で清国から取得した「うるわしの島」である。総督府には民政局、財政局、土地調査局、殖産局、糖務局、土木局、鉄道局が置かれ、陸・海軍も常駐していた。民政長官となった新平は無能な職員やお雇い外国人の大リストラを断行、さらに上下水道や交通網を整備し、港湾や通信、郵便などの制度を軌道にのせた。この人はいつも意表を突く人事を行なった。

ヨーロッパで勉学中の新渡戸稲造《にとべいなぞう》を見つけ出し、殖産局長にスカウトした。新渡戸は砂糖の生産能力を五倍に増やした。交際は派手で身銭も切ったが、普段の暮らしは質素で、娘はつぎはぎの当たった制服で女学校に通った。

台湾では先住民との争いが絶えなかった。土匪《どひ》と呼ばれる武装集団もいた。歴代の長官は軍隊や警察を使って統治した。しかし新平は投降すれば罪には問わないと和平路線を採った。

「土匪といっても色々いる。まあ水滸伝《すいこでん》だな、群盗がお互い壮絶な戦いを行なっている。なかには長脇差《ながどす》もいる」

と煙《けむ》に巻いた。長脇差とは清水の次郎長のような仁侠道《にんきょうどう》だ。これらを、うまく使おうというわけだ。お陰で紛争は大分減った。

癇癪玉を破裂

日露戦争直後の明治三九年（一九〇六）、新平は南満州鉄道の初代総裁に就任した。満州は軍閥が跋扈《ばっこ》していた。これを収めるのは容易ではなかった。その矢先に恩人の児玉源太郎が、この世を去った。新平にとって、大きな痛手だったが、三〇代の新進気鋭の官僚や、三井物産の社員を集めてプロジェクトチームを編成、付属地の都市計画を進めた。街路の幅は最大で約五〇メートル。すべてが大きかった。

「大風呂敷が始まった」

と世間から揶揄《やゆ》されたが、「ほうっておけ」と新平は笑い飛ばし、どんどん建設を進めた。

満州、現在の中国東北部は資源の宝庫だった。森林資源、鉱物資源、農作物、あらゆる資源にあふれていた。新平は率先垂範、仕事に励んだ。列車の掃除が行き届かないと聞くと、真っ暗いうちに起きて大連《だいれん》駅に行って、早朝、発車する列車を見て回った。自分の手の平で車体のあちこちに跡をつけ、そのまま官舎に戻り、発車前に再び駅に行き、車体を点検する。そのまま手の平の跡が残っていようものなら大変だった。

「駅長をつれて来いッ」

と癇癪玉《かんしゃくだま》を破裂させ、皆の前で駅長を怒鳴った。その後、車体は見違えるように綺麗になった。大和ホテルを造り、撫順《ぶじゅん》炭鉱を整備し、大連港も近代的な港湾に変えた。満鉄調査部も新平が作った。ロシアにも出かけ首都ペテルブルクに向かい、ロシア皇帝ニコライ二世に謁見し、首相ストルイピン、蔵相ココツォフと会談し、南満州鉄道と東清《とうしん》鉄道の連携を訴えた。思い込んだらとことんやり遂げる新平だった。右でも左でもかまわなかった。

故郷水沢に錦を飾る

明治四一年（一九〇八）七月、第二次桂内閣が誕生すると、新平は逓信《ていしん》大臣兼鉄道院総裁として入閣を要請された。原敬、斎藤実に続いて岩手県から三人目の大臣である。しかも、幼馴染みの斎藤実海軍大臣も一緒だった。この時、新平五一歳だった。思えば波瀾万丈の旅路だった。草深い水沢の里を出て、荷物一つ背負って上京した貧乏少年が、天下を動かす大臣になったのだ。

水沢の人々は狂喜乱舞した。新平の故郷入りが実現したのは、翌年の七月である。仙台駅には伊達藩の関係者、宮城県の政財界人数百人が出迎え、この夜は仙台で、大祝賀会が開かれた。水沢は岩手県だが旧藩時代は伊達家の領地だったので、盛岡よりは仙台が最初だった。戊辰戦争から苦節四〇年、ようやく東北にも大臣のポストが回ってくるようになった。

新平は鉄道院総裁でもあったので、鉄道の近代化に取り組み、鉄道病院や弘済会を作り、福利厚生に力を注ぎ、得意の抜き打ち検査も忘れなかった。線路は広軌にすべしと主張したが、これは実現しなかった。

明治四五年（一九一二）には桂太郎と一緒にふたたびロシアに出かけたが、明治天皇の崩御で、外交交渉にはならなかった。ロシアとの友好が新平の悲願だった。

赤革のゲートル姿

その後、新平はしばらく野にあったが、大正五年(一九一六)、寺内内閣が成立すると、副総理格で入閣し、内務大臣兼鉄道院総裁の要職に就いた。今と違って省庁の設備もお粗末だった。何と内務省は電話が二本しかなかった。課長たちは長い廊下を小走りに走って電話をかけた。食堂には手を洗う洗面台もなかった。新平は「けしからん」と怒鳴り、早速、洗面台をつけさせた。電話も増設した。新平はお役所仕事がひどく嫌いだった。もたついていると、

「何をやっているか」

と雷を落とした。新平が赤革のゲートル姿で、全国の鉄道を行脚《あんぎや》したのもこの時である。そのきっかけとなったのは、東北本線古間木《ふるまき》駅で起こった列車衝突事故だった。死者三九人、重軽傷者一八〇人余を出す大事故だった。駅員の飲酒による判断ミスだった。新平は事故の絶滅を期して鉄道巡察課を新設した。たるみを徹底的に直すよう命じた。

新平はひらめいたら即断即決だった。利用者はもちろん従業員のこともいつも考えていた。鉄道病院を各地に開き、福利厚生にも尽力した。

こうした人物は、日本の近代史ではきわめて少ないように思えてならない。上からものを見るのではなく庶民感覚の人だった。敗者の痛みを知る東北人ならではの発想と行動だった。

変わり身の速さ

大正六年(一九一七)、世界をゆるがす大事件が起こった。ロシア革命である。皇帝ニコライ二世は退位し、ロマノフ王朝は滅んだ。日本はシベリアに出兵し、ロシア革命の波及を防ぐ方策に出た。新平は外務大臣として、これらの処理にも当たった。

この間、日本では米騒動が起こり、そのあおりで寺内内閣は総辞職した。民を無視した政治の終焉《しゅうえん》だった。

総理は同じ岩手の原敬に代わり、新平は内閣を去って、アメリカ、ヨーロッパに向かった。このあたりの変わり身の速さはさすがだった。長男一蔵《いちぞう》のほかに新渡戸稲造とその門下生を連れての気楽な旅だった。横浜の埠頭《ふとう》には何と五〇〇〇人もの見送り客が集まった。ニューヨーク・トリビューン紙は、

「一〇年前のルーズベルトを彷彿《ほうふつ》とさせる」

と新平をアメリカ国民に紹介した。パリでもロンドンでも大歓迎だった。

新平は次期総理と目されていた。

市長として大東京の研究に着手

帰国した新平は、東京市長にかつぎ出された。腐敗、混乱した東京市政の立て直しを託されたのである。時の総理は同郷の原敬である。原がぜひにと新平に要請した。財界も支援し、お膳立てはそろった。

新平はブレーンを集めて「大東京の研究」を命じた。作成したのがいわゆる「八億円計画」である。当時の東京市の予算はせいぜい一億五〇〇〇万円、国の予算が一五億円程度である。重要街路の新設や拡幅、舗装工事、上下水道の整備、学校施設の充実、港湾の改修など、大東京の近代化の基盤は、この時策定された。また中正独立の

立場から東京市政を調査研究する機関の必要を説き、安田《やすだ》善次郎《ぜんじろう》の寄付を得て東京市政調査会を設立した。

関東大震災が起こると、山本内閣の下で内務大臣兼帝都復興院総裁となり、急務となった帝都復興に取り組んだ。「八億円計画」を基礎に、大規模な区画整理による幹線道路や公園の整備などを内容とするドラスティックな新平の帝都復興計画の構想は、すべてが実現したわけではないが、その精神は、随所に生かされた。すごい人物だと改めて思わざるをえない。

現在、東京の日比谷公園にある建物が市政会館である。ここの理事長室には、新平の写真が飾られ、新平の書や愛用のベッドも残されている。

〝東京〟を作った後藤新平

天真爛漫、財産なし

晩年は普通選挙を見すえた「政治の倫理化」活動や、将来国を担う青少年の育成の一環としてのボーイスカウト運動などに邁進《まいしん》し、東洋協会、台湾倶楽部、日独協会、東京放送局など多くの団体の代表を務め、ロシアも訪問し、国交回復にも力を尽くした。

生涯、走り続けた新平は昭和四年（一九二九）四月四日、岡山での講演に向かう途中、脳溢血で倒れ、一三日早朝、京都の病院でこの世を去った。享年七三、天真爛漫《てんしんらんまん》を貫いた見事な生涯だった。賊軍の少年として世の中に出た新平は、熊本の安場保和に見出され、薩長藩閥政治の時代にあって、内務省衛生局長から台湾総督府民政長官、南満州鉄道株式会社総裁、そして逓信大臣、内務大臣、外務大臣、東京市長、帝都復興院総裁、東京放送局総裁と幅広く活躍した。

後藤新平を一言で言えば、右でも左でも自由につきあい、イデオロギーにこだわらない数少ない人物だった。金銭的には淡泊で、「葬式の時、財産が何もなく、家族はおどろいた」と孫の鶴見俊輔《つるみしゅんすけ》が語った。国民に愛された開明政治家であり、敵も味方にし、女性にも大いにもて、いつも若々しく生きた人だった。

これぞ理想の生涯だった。

第七章　藤原相之助

——官軍参謀を糾弾した気骨のジャーナリスト

秋田の人

東北は戊辰《ぼしん》戦争で賊軍になった。原敬は大いに憤慨、「白河以北一山百文《ひとやまひゃくもん》」から取った一山《いちざん》を号にしたことは、原敬の章で述べた。会津には山川健次郎《やまかわけんじろう》が編纂《へんさん》した『会津戊辰戦史』があるが、仙台の戊辰史をまとめたのは、秋田の人、藤原相之助《ふじわらあいのすけ》である。明治四四年（一九一一）に発行された『仙台戊辰史』の前文に、藤原相之助についてこのようにあった。

著者は陸羽山脈の麓《ふもと》の小さな村に生まれ、そこに育った。幼い頃、祖父の懐に抱かれ、昔話を聞きつつ寝るのを常とした。祖父が言った。

汝《なれ》が生まれて六ヵ月目に九条殿一行の捧げる錦の御旗《みはた》を拝した。その九ヵ月目には村をあげて交戦の巷《ちまた》となり弾丸霰《あられ》の如く樹木の枝葉を払いて、ひらひらと鳴り、戛々《かつかつ》と響く。その硝煙の下より、槍を揮《ふる》いて突進し、太刀を閃《ひらめ》かして斬り結ぶ。

村人は不意の事変に驚き騒ぎ、兵火に焼かれると、器物を谷間に運び、あるいは、河原に持ち出すなど、混雑狼狽言わんかたなし、我が家にても家族皆出て難を避け、家財を処理するに忙しくて汝をば、河原のほとりなる秣野《まぐさの》やや凹《くぼ》めるところに、夜具と共に置きしに、銃声、喚声、山河を振るわし、人皆、戦慄して生きたる心地のなき時も、汝のみはにこやかに打ち笑みつつ嬉々《きき》として、徘徊《はいまわ》りおりき。

この幼児が藤原相之助だった。相之助の生家は秋田県仙北《せんぼく》郡生保内《おぼない》村相内端刑部《あいないばたぎょうぶ》屋敷だった。現在の仙北市田沢湖生保内である

相之助は慶応三年（一八六七）一二月一五日、この屋敷に一人っ子として生まれた。

村は駒ヶ岳の麓にあり、田沢湖が後ろに控えていた。刑部は南北朝時代藤原藤房《ふじわらのふじふさ》について落ちてきた公卿《くぎょう》で、奥州藤原氏の一族だったと伝えられている。

屋敷のなかに田、畑、林、野原があり、川が流れていて水車がかかっていたというのだから屋敷というよりは、集落に近いものだった。

仙台藩使節を惨殺

相之助が生まれて九ヵ月日の明治元年（一八六八）の秋、奥羽列藩同盟の南部軍が仙岩峠《せんがん》（国見峠）を越えて盛岡から秋田に攻め入ってきた。秋田藩が同盟を脱して薩長《さっちょう》軍に味方したためである。

東北の諸藩は当初、会津に加担して、薩長軍と戦ったが、秋田藩は当初から藩内に薩長派があり、それが一気に台頭し、秋田を訪れた仙台藩の使節を惨殺し、列藩同盟に反旗を翻した。十数人を斬殺したのだから、やることが陰惨だった。仙台藩は烈火のごとく怒った。絶対に許せないと仙台藩、南部藩、庄内藩の兵士が、秋田攻撃に向かった。会津藩が白河城奪還作戦を繰り広げ、長岡藩が北越で長州奇兵隊を追い詰めているさなかの出来事である。

仙台兵が暴れ回り、秋田の戦争は当初、列藩同盟軍が有利に戦いを進め、あと一歩のところまで追い詰めたが、薩長の援軍が到着すると一気に押され、国境に押し戻された。

最後は負けてしまい、列藩同盟は賊軍となり、「白河以北一山百文」と蔑視される。

官軍と賊軍

人間はとかく他人の悪口を言いがちなものである。秋田の人々は隣の南部人を見ると、「お前は賊軍だ」と一段低く見る傾向があった。地方によっては、いまだにそれが続いているが、相之助の祖父は「そんなことを言うものではない。南部の人が賊軍でもなければ、秋田の人が官軍でもない」と相之助をたしなめた。

爺さんはわからん話をする人だと、相之助は思って育った。相之助は一五歳の時、生保内から西方二〇キロの距離にある角館《かくのだて》の静脩塾《せいしゅうじゅく》に通うことになった。

ここは私塾で、生徒は角館の士族の子弟が主だった。この頃、自由民権思想が盛んで、薩長藩閥政府を打倒せよと、大人たちは叫んでいたが、生徒は昔の代官などの子弟で、平民の子弟を呼び捨てにし、特権を振るうのに、相之助は嫌気が差した。

明治一六年（一八八三）、一六歳になった相之助は盛岡の岩手医学校に入学した。ところが予科二年を終えて本科一年になったとき、東北六県の医学校が統合され、仙台の宮城医学校に集められた。相之助は仙台に移って勉強を始めた。高山樗牛《たかやまちょぎゅう》と知り合いになり、医学よりは文学に興味を抱いた。

そんなこともあって、医学校はいつの間にか中退してしまい、新聞記者になった。在学時から奥羽新聞や東北新聞に寄稿していたのである。当時、妻帯していたので生活費を稼ぐ必要もあった。

戊辰戦争とは何か

相之助はいつの頃からか祖父から話を聞いた戊辰戦争を調べ始め、「いったいこの戦争とは何だったのか」をテーマに明治四一年（一九〇八）から四二年にかけて、一年間、「仙台戊辰史」を東北新聞に連載した。戦争が終わってまだ四〇年しかたたないので、生々しい資料が山ほど集まった。それを駆使して、戊辰戦争の顛末を大所高所から眺めて執筆した。そこから得た結論は「列藩同盟は賊軍にあらず」ということだった。

東北新聞は明治四三年（一九一〇）に廃刊となったが、多くの読者の希望で『仙台戊辰史』が仙台の荒井活版製造所からその翌年単行本として出版された。大判で組んだ一〇二一ページの大著だった。大佛次郎《おさらぎじろう》が「天皇の世紀」を朝日新聞に連載したとき、毎日のように『仙台戊辰史』を引用し、東北に深い理解を示した。

この本で相之助が糾弾《きゅうだん》したのは奥羽鎮撫《おううちんぶ》総督府のまやかしだった。一行は薩摩、長州、筑前兵など六〇〇人余で、三月一日、仙台湾の東名《とうな》浜に上陸した。鎮撫総督の九《く》条道孝《じょうみちたか》は、いわばお飾りだった。総督府を仕切ったのは長州藩士世良修蔵《せらしゅうぞう》と薩摩藩士大山格之助《おおやまかくのすけ》である。

彼らの使命は仙台藩に会津と庄内を攻撃させることだった。もう一つは、仙台藩を攪乱《かくらん》し、場合によっては戦争に持ち込むことだった。

大坂で戦争を起こすべく江戸で騒乱を起こした謀略とそっくりだった。

盗賊まがい

彼らは、最初からこれ見よがしに振る舞った。東名浜では停泊中の商船を臨検し、幕府の神奈川奉行の送り状があるのを見つけるや難癖をつけて拿捕《だほ》し、船を没収されたくなければ、三〇〇〇両を出せと脅し、大金をせしめた。必要経費はすべて現地調達だった。

仙台での費用はすべて仙台藩に要求した。役馬、駕籠、人夫、飯代、飲み代も要求した。

総督府の下っ端の輩《やから》は居酒屋などで酔っ払い、

「竹に雀を袋に入れて、後でおいらの物にする」

と、仙台藩を侮辱した。そして、二言目には、

「おいどんは鉄砲の弾丸の下を潜ってきよったんや」

「血飛沫《ちしぶき》を浴びてきたんや」

などと言って女どもを脅して乱暴に及ぶ者もあれば、商品を買って代金を払わない者もいた。仙台人のプライドは、ずたずたに引き裂かれた。

戸田主水の告発

九条総督の近侍監察戸田主水《もんど》は四月二五日、密かに一書を総督に呈し、逃亡した。

そこに このような文書があった。

薩長の兵士の本営門外の乱暴は実に驚くべきものであり、路傍に臣子を侮辱したり、市井で商売を嚇怒《かくど》したり、山野に婦女を強姦したり、仙台誹誇の歌謡など、聞くに忍びないことを白昼大道で高吟したりすることを、両参謀は知りながら、そのままにして問わない。

世良参謀は討会出陣と称して、常に福島辺の妓楼におり、昼夜昏旦《こんたん》を分かたず、人目もはばからず狼籍《ろうぜき》に及び、仙台藩の重臣隊長を奴僕《ぬぼく》のごとく駆使し、討会を矢のごとく求めている。故に諸隊長より兵卒に至るまで世良参謀を憎んでいる。

会津が罪を謝して降伏することがあれば、殿下は会津に配慮すべきである。さもなければ帝《みかど》は人望を失うことになる。

戸田は嘆いた。

世良を殺せ

仙台藩と米沢藩は東北諸藩に呼びかけて奥羽列藩同盟を結成、鎮撫総督府に圧力をかけて会津を救済しようとした。長州藩は禁門の変で御所に発砲したが、許されて今や官軍である。

「孝明天皇は会津を信頼し、京都の守護を会津に一任していたではないか。徳川家が恭順した今、会津に罪はない」と、九条総督に寛典を申し入れた。九条はもっともだと理解を示したが、

「何をほざく、会津は天地にいれざる犯罪者だ」

と、世良が一蹴《いっしゅう》した。

「かばうなら仙台も同罪だ」

と言うのを聞いて仙台の若手は激怒した。

「世良を殺せ」

という声が一斉に湧き上がった。世良は長州藩士であり、官軍の参謀である。参謀

を殺せばどうなるか、こういう時は、そこまでは気が回らない。

慶応四年（一八六八）閏《うるう》四月一九日の午後二時頃のことである。世良は福島の定宿「金沢屋」に入った。宿では裏二階の一間を「世良さんの間」としていつも空けてあった。世良はここに馴染みの女がいた。世良はここで手紙を書き、福島藩用人の鈴木六太郎を呼び、「羽州新庄の大山参謀へ至急の用状を差し立てるから、飛脚の手配をせよ」と命じた。この手紙が福島に駐留する仙台藩の幹部瀬上主膳《せのうえしゅぜん》の手に入った。

それは大山参謀宛の密書で、

「奥羽皆敵と見て、逆撃の大策に致したく、江戸へまかり越し、大総督西郷さまと御相談したく」とあった。瀬上はやはりと思った。近接する白石に仙台藩の前線基地があった。片倉家の領地である。そこに仙台藩首席家老の但木土佐《ただきとさ》がいた。連絡を受けた但木は、世良誅殺《ちゅうさつ》やむなしと判断した。いささか早計であったかもしれない。

この夜、世良召し捕りの者たちが、金沢屋を包囲した。福島の目明《めあか》し浅草宇一郎《あさくさういちろう》も動員された。相之助はこのことを克明に調べた。

ピストル不発

宇一郎はまず金沢屋の後家ツルをひそかに呼び出して、世良と一緒に寝ている女をソッと室外に呼び出して避けさせよと命じた。ツルがブルブル震えながら世良の室に入り、女を揺り起こし、早く逃げよと手真似で伝えた。女は案外沈着でソッと床を抜け出て、長襦袢《ながじゅばん》の上へ細帯を締め、落ちていたかんざしを拾って差し、世良の寝顔を見てツルに目配せしながら去ろうとした。その時、飛び込んできたのは、福島藩の遠藤篠之助と仙台藩の赤坂幸太夫だった。

「何者ッ」

と叫んで世良は目を覚まし、布団の下のピストルを取り出し、発射しようと二度も試みたが不発、赤坂は世良の手を叩いてピストルを奪った。世良は立ち上がろうとして、襖《ふすま》によろけかかり、襖がばったり倒れ、一緒に世良も倒れたところへ赤坂が一太刀、続いて遠藤も一太刀あびせ、姉歯武之進が縄をかけた。従者の勝見善太郎は二階から跳び下りて、土蔵のなかに駆け込んだが、つかまった。世良と勝見とは瀬上の宿所、客自軒へ引き立てられた。

事件の噂はすぐこの界隈《かいわい》に広がり、やじ馬が客自軒の前に集まってきて、人殺しがあった、いや夜盗を召し捕ったなどと、ガヤガヤ騒ぎ立て、大変な混雑だった。

是非に及ばぬ

世良がどのような形で殺されたのかは、定かではない。命乞いをしたとか、怖い形相で睨んだとか色々あるが、密書についての訊問に対し、「露見の上は是非に及ばぬ」と言っただけで、あとは首が飛んでいたともいう。仙台藩は世良誅殺で、もはや引き返すことはできなくなり、白河で戦いを繰り広げるが、どうしても勝てない。結局、敗れてしまい、会津が籠城戦に入った段階で降伏した。しかし、相之助が生涯をかけて『仙台戊辰史』を執筆したことで、戊辰戦争の裏面が明らかになった。

世良は間違いなく東北を戦争に追い込んだ仕掛人だった。木戸孝允《きどたかよし》や西郷隆盛がどこまで関与していたのかは不明だが、「思う存分にやれ」という指示が上層部からあったと見て間違いないだろう。

木戸は明治天皇の東北巡幸の際、宮城県白石市にある世良の墓に詣で、献灯している。

削られた墓石

世良の墓地は白石市の市街から北方の小高い丘陵にある。前を白石川が流れており、白石大橋を渡って上流に「奥羽鎮撫故世良修蔵墓道」と刻んだ標識があり、石段を上ると墓地がある。中央に世良の墓石が立っている。私も取材で何度かここを訪ねているが、墓石には次の一文があり、二文字削りとられている。

明治元戊辰年閏四月二十日於奥州信夫郡福島駅□□所殺年三十四
奥羽鎮撫総督参謀長州藩士世良修蔵墓

□□には本来「為賊」の二字があった。誰が削ったのかはわからないが、仙台藩が賊と決めつけられたことに、立腹し、削除したのだろう。私は複雑な思いで、いつもここに立った。

世良ではなく穏健派の人物が参謀であったら、歴史は変わっていたという説もある。しかし、どうだろうか。過激派の世良だから参謀に選ばれ、狙い通り東北に戦乱を引き起こしたわけで、世良は十二分に役目を果たしたということになろう。

西郷と勝海舟《かつかいしゅう》の会談で江戸は無血開城となった。これではせっかく編成した強力な軍隊の使い道はない。会津一国だけでは、論功行賞としては少な過ぎる。東北、越後を占領すれば莫大な富が入る。そういう計算があったのではないか。相之助も「奥羽地方は戊辰以来二十余年の間、純然たる薩長藩閥政府の行政治下に置かれて、疲憊《ひはい》を重ねて来たと云う事実がある」と鋭い指摘をしている。これは東北が薩長政権の植民地になったことを指していた。

相之助の悔しさは、まさにこの一点にあったろう。

対立、今日にも及ぶ

『仙台戊辰史』は東大出版会発行とマツノ書店発行の二冊がある。東大出版会発行の

明治7年頃の藤原相之助

本には、歴史家の森谷秀亮《もりたにひであき》氏の次の解説がある。

東北地方に出張し、故老・郷土史家から維新前後の体験談を聞かされ、教えられることが多かった。しかしまた人々により、地域により歴史の解釈がまちまちであることを知って驚いた。順逆を誤って官軍に抗し、逆賊の汚名を蒙《こうむ》った者、その子孫は、新発田藩・三春藩・秋田藩出身の者を列藩同盟脱退の裏切者であると論難し、彼等は国事に身命を捧げた勤王論者であると豪語するが、実は打算的な行為に発したまでのことであると糾弾《きゅうだん》して怪しまない。併《しか》しこれらの地方を訪れると、朝旨を遵奉し、勤王の大義を全うする藩要路の態度は一貫しており、ただ仙台・米沢二藩から圧力を加えられることが甚しく、旗職《きし》を鮮明にすることが出来なかったまでのことであると、自己弁護してやまない。

勤王諸藩であるが、互に功名を競い、他に譲らない傾向があるように感じた。（中略）戊辰の役、敵・味方に分かれて戦ったことから生じた東北諸地の対立関係は、やがて政党的色彩が加わるに及んでいっそう激化し、今日に及んでいるとの印象をうけた。

私もまったく同じ思いを抱いてきた。これも東北攻めを強行した薩長軍首脳部のなせる業であった。ともあれ相之助の執念によって、列藩同盟は決して賊軍ではないことが明らかになった。東北の戊辰史上における相之助の功績は大だった。

第八章　内藤湖南

――東洋史学の大家、薩長官製の維新史を強く批判

鹿角、大館双方の言い分

内藤湖南《ないとうこなん》は、慶応二年（一八六六）、秋田県鹿角郡毛馬内《かづのけまない》町大字毛馬内に生まれた。父は南部藩の漢学者であり、主家の桜庭《さくらば》家は南部藩譜代の臣だった。母容子は明治三年（一八七〇）、産後の肥立ちが悪く、死去している。その後、父は四回も再婚を繰り返した。母親との間に愛情はなく、湖南は上目づかいに人の顔色をうかがうような少年だった。

後年、湖南は東洋史学を創設、東洋文化史研究の大家として、京都帝国大学教授を務めた。湖南が生まれた鹿角は、きわめて屈折した幕末維新史を持っていた。

私は数年前に鹿角に取材旅行に出かけた。秋田戊辰戦争研究の第一人者である吉田昭治《しょうじ》氏が秋田市から見え、密度の濃い戊辰戦争秘話を聞くことができた。

戊辰戦争の時、鹿角は南部藩の領地だった。秋田藩が列藩同盟を裏切ったとき、鹿角の兵は隣の大館《おおだて》に攻め込んだ。大館は秋田藩領だった。

私は大館の研究者にも呼びかけたのだが、「都合が悪い」と誰も姿を見せなかった。

「大館と鹿角では歴史観が違うので、初めから無理でしょう」

と鹿角の人が言った。鹿角と大館の戦争は、初め南部藩の大勝利だった。楢山佐渡《ならやまさど》を大将とする南部藩兵一三五〇余人が大館に突入、大館市中は火の海となり、大館城は陥落した。戦争というのは、お互いに言い分があるもので、青江舜二郎の『狩野亨吉の生涯』(中央公論新社)を読むと、「詐欺南部藩」という項目があった。

狩野は大館が生んだ我が国自然科学思想史の開拓者で、京都帝国大学文科大学長を務めた。湖南を京都帝大に招いた人である。奇妙なめぐり合わせというか、二人は敵味方に分かれて戦った風土で少年時代を過ごしたことになる。青江は湖南の伝記も書いているので、冷静かつ客観的に双方の言い分を描いているだろうと思うが、大館の人々には大館の言い分があり、謎の部分も多々あるのだった。

「南部藩はしばしば親書を大館藩に送って来て、この際、薩長《さっちょう》の謀略にのせられて、共倒れになるが如《ごと》きはもっともおろかである。勤王といい佐幕といっても領民にはまったく関係がなく、われわれとしてはまず領民の安堵をこそ計るべきだ。藩境の増兵は、伊達藩の圧力が強く当方にかかっているための止むを得ない処置で、決して貴藩を敵視しまたは侵犯の意図があるからではない。それを了解してくれと訴える。そして事実、そのいくつかの境口から兵を引き、領民たちの自由な交通を許すなどの行動を示したので、根がお人好しの大館藩はすっかり乗せられてしまった」

となるのである。鹿角の人に言わせると、とんでもない、根がお人好しは鹿角人であり、大館人は乱暴だとなるのである。

「そして八月九日、南部重臣楢山佐渡から十二所口の守将茂木筑後に対し宣戦の書状が到着したと思う間もなく、大小砲の爆音がいっせいにとどろき、(中略)何千という兵が喊声を上げて突入。〝謀られた〟と気がついた時はもうおそかった」

と青江は書いた。

初めは南部勢が優勢だった。しかし薩長兵が投入されると、大館勢が優勢になり、南部兵は撤退を余議なくされた。列藩同盟が崩壊したため南部藩も降伏を余儀なくされ、鹿角は占領されてしまい大館兵、秋田兵、津軽兵が進駐した。南部藩は秋田藩に謝罪金七万両を払わされ、鹿角の人々も多額の謝罪金を負担した。それだけではない。後に、鹿角は岩手県ではなく秋田県に編入された。秋田に占領されてしまったのだ。

「なんたる屈辱、これからでも遅くはない、岩手に編入したい」集まった鹿角人は、そう言い切った。

私はどう表現したらいいのかわからず、ただ黙って鹿角人を見つめるしかなかった。

秋田師範学校に入学

湖南の本名は寅次郎《とらじろう》である。

父親が吉田松陰を崇拝しており、それで松陰の本名寅次郎をつけたといわれる。皮肉な明治維新になったわけだ。湖南は鹿角が十和田湖の南に位置することから取ったとされる。

湖南も人の子だった。薩長を相手にせずと言いながら、必ずしもそうではなかった。その証拠に、自分の故郷を決して秋田県とは書かず、陸中国鹿角郡毛馬内町と書いた。

これはまさしく湖南のこだわりだった。同じ青江舜二郎が書いた湖南の伝記『竜の星座』（中央公論新社）を読むと、湖南は自分の生家のことを「戊辰の役には時の領主桜庭綱忠が南部の武将として官軍に抗し秋田藩軍を破って大館を取ったが其後奥羽同盟軍全敗のため毛馬内に逃げ帰り、賊軍の汚名を着たまま禄は更に減ぜられ領主はもとより家臣の窮迫はその極に達した」と語っていた。

大館も含めて秋田憎し、官軍憎しが、湖南の深層心理にあった。

湖南は一七歳で秋田師範学校に入学した。師範学校はすべて官費だった。湖南の答案はすべて漢文で書いてあり、これには教師も困ったという。師範学校在学中に継母の連れ子と結婚させられそうになった湖南は盛岡に家出したが、結局、師範学校に戻り、高等師範科に進み、卒業するや秋田県内の小学校に奉職した。

しかし、そこに止まっている湖南ではなかった。出版社や新聞社を転々とし、三一歳の時台湾に渡り、台湾日報の主筆を務め、帰国して大阪朝日新聞社に入社、論説を担当した。

その間、外務省から占領地行政調査を嘱託され、満州や中国各地を歩き、明治四〇年(一九〇七)、三九歳の時、狩野から京都帝国大学文科大学史学科講師に招かれ、東洋史講座を担当、研究者に転身した。

東大に比べると京大には自由の気風があった。だから師範学校しか出ていない湖南でも大学に奉職することができたのだった。ちなみに狩野は東京に移って第一中学校から東京帝国大学予備門に入り、理学部数学科に進み、のち哲学科に入り直し、大学院に進み、金沢の第四高校教授、熊本の第五高校教授、東京の第一高校校長を経て明治三九年（一九〇六）四一歳の時、京都帝大文科大学長に抜擢された。順調すぎる出世だった。

狩野は第一高校時代から湖南に接触を始めていた。湖南の京大赴任に際し、師範学校卒では不十分だと文部省からクレームをつけられたので、最初は講師だった。

研究テーマはアジア文明史

湖南は京大に勤めて二年後には教授になり、朝鮮、満州の研究で文学博士となった。実力はどこの教授よりも湖南の方が上回っていた。

湖南の研究テーマは、アジアの文明史だった。

湖南は勉強のあまり寝坊することが多く、よく遅刻した。ノートもメモもなく、その時の気分で、どんどん講義を進めた。

湖南の弟子の一人である三田村泰助《みたむらたいすけ》が『内藤湖南』（中央公論新社）を書いているが、そこに最初の講義を聞いた国史専攻の西田直二郎の回想文が掲載されている。

「教授の初めての講義は極めて印象的であった。（中略）広い階段教室、そこに背の高からぬ身を運ばせ、風呂敷包みから書物を取り出し、低い口調でゆっくりとお話するよう講義せられるのであった」

とあり、それほどなめらかなものではなかったらしい。あるとき、別の学生が「先生の講義を聴いておりますと、五里霧中の感じがいたします」と言った。これはかなりきつい言葉だった。湖南は大分、気にしたようで、

「それではどの教授が講義上手であるか」

と聞いた。

「谷本富教授の『教育学及教授法』」

と答えると、湖南は谷本教授の講義に顔を出し、じっと聞き入った。

東洋史学者、貝塚茂樹《かいづかしげき》教授は、

「まるで春蚕が糸をはくように講義を続けられ、澄んだ調子は、金玉《きんぎょく》の声と評してよかった」

と湖南の印象を語っているが、幾分、リップサービスかもしれなかった。

それはともかく湖南の蔵書は凄かった。自宅は三万点もの蔵書で、足の踏み場もなく、夫人が帯を売って本代に充てたという話もあった。

自他ともに認める東洋史学の第一人者になった湖南だが、いくつになっても心に残るのは戊辰戦争だった。

日頃は「戊辰戦争の失敗を悔い、報復を心にかけるのは、度量の狭さを表すものである。私は薩長を眼中に置かないことをもって、平生自ら努めている」と言っていたが、五〇代半ばの時、心の奥にしまい込んでいた義憤が一気に噴き出した。

歯に衣着せぬ薩長批判だった。

革命は陰謀の所産

湖南は大正一一年（一九二二）、五六歳の時「維新史の資料に就《つい》て」という一文を『日本文化史研究』に記載した。

いづれの世でも革命の際は必ず陰謀が伴ふ。従つてこれに関する記録も当時の陰謀から出た結果の記録であつて信用し難いものであることは、古来屡々《しばしば》見る所である。

という書き出しで、この文章は始まっていた。

以上の如き見地から我維新史を観察すると、そこにいろ〳〵な問題が生じて来るであらうと思ふ。今日の維新史料編纂《へんさん》局といふものは如何なる方針で如何なる材料を蒐集してゐるか知らぬが、最初藩閥思想の最も強かつた井上侯が主宰して居り、その委員と称する人物は多く維新以後の藩閥方であつた人々であるところから見ると、果して勝利者に便宜な方法で作られて居ないといふことを断言し得るかどうかと思ふ。現に維新前後の殉難者の待遇といふ様なものも、頗る公平を欠いて居るではないかと思ふ事がある。

文部省編纂の維新史は、完全に偏っていると湖南はクレームをつけた。東大は文部省の牙城である。京大ならではのことだった。湖南はさらに続けた。

戊辰の歳の革命戦争で敗けたものは降服した結果となつたから、其時、並に其後引続き勝つたものが執つたところの態度に対しては、更に何等の苦情をも言はなかつた。其後数度の大赦特赦等があつて賊名などは除かれ、徳川慶喜《とくがわよしのぶ》公さへも後には公爵に列せられたけれども、維新の時に薩長に反対して戦死し、若しくは敗北の責を負うて死を賜つたものなどは、贈位の恩典に浴して居ない（中略）。元治《げんじ》元年に京都で起つた事変に比較して見たならば、甚だ矛盾して居るということがわかる。

湖南の論調は、徐々に核心に迫った。

禁門の変、長州は明らかに賊軍

そして湖南は長州藩兵が、御所に攻め入った禁門の変を取り上げた。この時、御所を守っていたのが会津藩と薩摩藩だった。

元治元年の騒動は長州其他の兵士が禁闕《きんけつ》に向つて発砲し、それが会津薩摩の兵に破られ、或は戦死し或は自殺し、其統卒者であつた長州三家老は、翌年幕府の長州征伐に対して服罪して自殺した。是等も当時の順逆からいへば明かに賊名を受くべきもので、而もその服罪の仕方は維新の際の東北諸藩の家老等と同様であるにもかゝはらず、これ等の人々は既に贈位の恩典に浴して居る。(中略) 維新以後五十年もたつた今日、当時の騒乱を皆単に意見の相違で、勝つたものも敗けたものも朝廷に対して反乱を企てる意思はなかつたといふことが明白になつた以上、其の薩長であると反薩長であるとを問はず同一の待遇を与へるべきであると思ふ。

湖南は文部省に迫った。

原敬《はらたかし》がすでに同様のことを述べてはいたが、京都帝大教授の発言には重みがあった。文部省や東大は、白い目で湖南を見たに違いない。

湖南の告発は、これで終わらなかった。

是は歴史上の事実の訂正ではないが、歴史上の事実としては今日迄別に官撰《かんせん》の維新史も出来たことはないから、如何なる態度で政府が維新史を取扱ふかといふ事は明らかではないが、然し実際に行われて居る多数の歴史は多く薩長のために書かれたもので、所謂《いわゆる》尊攘派の観方によつて作られたものである。尤もその中に故の山川浩（注：大蔵《おおくら》）氏の書いた『京都守護職始末』の如き全く反対の立場から書いたものであつて、これは明治四十四年に出版になつて居るが、実際この書が書かれたのは其の遥か以前であつたので、これを公にする迄には少からぬ困難があつたといふことを聞いて居る。この書は会津藩が京都守護職を承はつて居つて、孝明天皇の非常な御基倚頼を受けて居つた事の始末を書いたものである。

湖南は『京都守護職始末』に高い評価を与えた。明治維新史の編纂は疑惑に満ち満ちている。ひどすぎるではないか。湖南は具体的な事例をあげ、「自分は明白な証拠を握っている」と問題を提起した。

陰謀の毒手

湖南が指摘したのは孝明天皇の御宸翰《ごしんかん》である。湖南はこう述べた。

自分は又近衛公爵家に蔵せられる百四十余通の孝明天皇の宸翰を拝見したことがある。其の宸翰は誠に君臣といふが如き厳めしき態度をとられて居ないで、親戚の長者などに対せられる様な極めて親密な御扱ひ方であつて、時としては御好な刀剣を需めたいけれども金が無いからとて御無心遊ばされたことも……（中略）。其宸翰全部は明治天皇も一時お借り上げになつて御覧になり、十数通はこれを御手許にお留めになつて、其の写を御返しになつたといふことであるが、自分が拝見した中で最も重大なることは、矢張り山川浩氏の「守護職始末」にあると同様な七卿の参朝を止められた事件であつて、当時の朝廷における過激な議論に対して非常に震襟を悩ませられて、これを斥《しりぞ》け得たので御安心になつたといふことを御認めになつたものであつた。自分は其の以前から「守護職始末」を読んで居つたので、会津家が有する宸翰と、これ等の新しき材料とは全く一致するものであることを発見して、当時の事情に関する真相を知り得たのである。

この事実が歴史から抹殺されていることに、湖南は怒りを覚えた。歴史学者としては当然の発言だったが、戦前の日本では、タブーだった。

湖南の真髄、社会正義の歴史学

湖南はどんな人物だったのか。きわめて的確な表現をしたのは、アメリカの東洋史学者フォーゲルだった。彼は『内藤湖南　ポリティックスとシノロジー』(平凡社)と題する著作のなかで、

「湖南はその時々の政治の渦中に巻き込まれることなく、公共の事柄について絶えず自分の意見を表明した。歴史家は政治の世界の外に身を置いて社会批判を果たすべきであると、湖南は確信していた」

と述べた。湖南の真髄は社会正義の歴史学だった。経歴からしてそうなのだが、湖

内藤湖南

南は数少ない在野の歴史家であり、筋を絶対に曲げない南部人気質の人物だった。中国には何度も渡り、多くの知人がいて、その交友の幅は広かった。文字通りの東洋史学者だった。

晩年、関東軍参謀石原莞爾《いしはらかんじ》との出会いもあった。対中国政策をどう進めたらよいか、石原は京都に湖南を訪ねた。石原が訪ねたのは、昭和四年（一九二九）一月二五日だった。湖南は京大を退官していた。

石原の質問は「シナ（中国）を占領して、長年月の持久戦は可能か」「シナ統治の基本法は」という大きなテーマだった。湖南がどう答えたかは明らかではないが、軍部の独走には、反対だったろう。しかし、石原が称《とな》える五族協和には、関心を示し、満州国が誕生すると、湖南は病軀を押して満州に渡り、日満文化協会の設立に奔走した。しかし、その時、すでに胃がんに冒されており、帰国のやむなしに至り、昭和九年（一九三四）六月二六日、京都郊外の恭仁《くに》山荘で死去した。六九歳だった。中国との戦争拡大をどのような思いで見つめていただろうか。それを思うと胸が痛む。

湖南の伝記を書いた青江舜二郎という作家は、誠に得難い人物だった。秋田市に生まれ、東京帝大印度哲学科に進み、湖南を描き、狩野を描いた。同じように石原莞爾も描いた。

「石原と湖南がもう少し、早く出会っていれば、軍部の中国政策も変わっていたかもしれない」と青江は書いた。あるいは、そうかもしれなかった。

第九章　野口英世

――「おれは会津のサムライだ」が口ぐせだった世界の医聖の心意気

囲炉裏に落ちる

私は英世《ひでよ》の生家から車で一時間ほどの距離の所に住んでいる。郡山から中山峠《なかやま》を越えて会津盆地に入ると、左に猪苗代湖《いなわしろこ》が見えてくる。その湖畔に英世の生家がある。

私は三〇年ほど前に野口英世のアメリカでの暮らしを取材したことがあった。英世はアメリカで、「おれは会津のサムライだ」と叫んでいたことを知った。彼も会津魂でがんばった一人だった。やはり生まれ育った風土は大きかった。誰もが知っている話だが、英世は一歳半の時、囲炉裏《いろり》に落ちて左手にやけどを負った。

英世は明治九年（一八七六）一一月九日、佐代助二六歳、シカ二四歳の長男清作《せいさく》として生まれた。

英世の母シカは家つきの娘だった。父善之助の放蕩のせいで、シカが育った頃の野口家は極貧だった。あげくの果てに善之助は家出をしてしまい、祖父岩吉が年季奉公に出かけて家を支えた。シカの家は小作農家で、働いても働いても、食べることができず、シカは猪苗代湖で魚やエビを獲《と》り、それを売り歩いて家計を支えた。夫の佐代助も遊び人で、ばくちに手を出したこともあった。野口家の男たちは、祖父を除くと身持ちが悪かった。

明治一一年（一八七八）の四月も終わりの頃だった。田仕事から帰ったシカは囲炉裏の自在鉤《じざいかぎ》に鍋をかけ、裏の畑に味噌汁に入れる野菜を採りに行った。英世を藁《わら》で編んだ寝床に入れ、囲炉裏の傍らに置いた。このあたりではこの寝床をイジコと言った。シカは夢中で野菜を摘んでいた。

「ギャー」

という英世の泣き声にシカはハッと耳をすませ、飛ぶように家に戻った。英世は囲炉裏に転落していた。英世の苦難の人生の始まりだった。ひどい重傷だった。シカは水で冷やしたり、油を塗ったりして、懸命に介抱したが、左手は見るも無残に焼けただれており、指は完全に固まってしまった。

永遠の師小林先生との出会い

シカにとって、英世のやけどは、片時も頭から離れない、悔やんでも悔やみきれない出来事だった。会津戦争の時、シカの集落も薩長兵《さっちょうへい》の宿舎になった。皆、近くの山に避難したが、家を焼かれては大変とシカは山を下りて、宿泊している敵軍の隊長に単身、かけ合い「どうか、家を焼かないでくだされ」と訴えた。

何でも体当たりでぶつかる女性だった。この手では百姓はできない。勉強して役場に勤めるか、学校の先生にするしかない。シカは鬼になって「勉強しろ、勉強しろ」と英世を責め立てた。英世は優秀な成績で、三ツ和小学校を卒業し、猪苗代高等小学校に進んだ。ここで英世は永遠の師となる小林栄《こばやしさかえ》訓導に出会った。猪苗代の士族の出で、福島師範学校を卒業したばかりの先生だった。英世の成績は常に一番だった。同級生はがんばる英世に応援を惜しまなかった。

「どうにかして、物を握れるようになりてえなあ」

英世はよくつぶやいた。それを見て、同級生の八子弥寿平《やごやすへい》がいたく同情した。彼は猪苗代の金持ちの息子だった。この時会津若松にアメリカ帰りのドクター渡部鼎《わたなべかなえ》がいた。

「渡部先生に頼んで、清作の手を何とかするべ」

八子が音頭をとって、英世の治療費を集めた。小林訓導も出してくれ、一〇円ほどが集まった。現在の五〇万円相当である。当時として大変な金額だった。親たちも協力した。体に障害があると、引っ込み思案になりがちだが、英世は決して隠すことはなかった。後年、すべての人が語っているが、英世に言われると、何とかしなければならないと、周囲の人々は真剣に思った。

英世の人徳というか、明るさというか、子供の頃から人を引きつける男だった。

会陽医院で働く

渡部ドクターは摺粉木《すりこぎ》のようになった英世の手に局部麻酔をして、指の関節の二節目から癒着している五本の指にメスを入れ、一つ一つ切り離してくれた。指先は溶けており、元通りにはならなかったが、傷が治ると、物をつかめるようになった。

医学のすごさに英世は感動した。何が何でも医者になろうと英世は考えた。高等小学校を卒業すると、英世は「何でもします」と渡部ドクターの会陽《かいよう》医院に潜り込んだ。この時代、医学の専門学校や大学の医学部に進まなくとも検定試験で医者になる道があった。英世は玄関番をしながら渡部ドクターから与えられた医学書を夜中まで読んだ。

医学書はほとんど原語だったので、若松のキリスト教会の牧師について英語やフランス語を学び、ドイツ語の教師も探し出した。会津中学校の生徒とも仲良くなり一緒に勉強した。

後年、英世は履歴書に会津中学校課外特待生と書いている。会津中学校にはそうした記録はないので、英世独特の解釈だろうが、とにかく転んでもただでは起きない男だった。

初恋も体験した。相手は天主教会に通う会津女学校の生徒、山内ヨネ子である。きりっとしたところが、たまらなく好きになり、恋文を出したが、ヨネ子は気味悪がって恋文を会津女学校の校長に届けてしまった。あえなく失恋である。

いくら勉強しても独学には限度があった。東京には国家試験に備えた予備校があり、そこで学べば、国家試験もわけなしと聞いた。済生学舎である。東京に行くなど考えられない時代である。普通なら諦めてしまうところだが、英世は違っていた。何とかするという強い思いがあった。したいではない、するが英世の流儀だった。

当時、歯科医師は福島県に一人か二人しかいなかった。そこで渡部ドクターが東京から歯科医師を招いて、夏期診療を行なった。一人の歯科医が会陽医院にやってきた。血脇守之助《ちわきもりのすけ》である。玄関に奇妙な若者がいた。ボロをまとい、髪はくしゃくしゃ、しかしドイツ語の原書で医学書を読んでいる。聞けば医師を目指しているという。

血脇はこの男に、

「東京に来ることがあったら寄りたまえ」

と声をかけた。リップサービスである。とたんに英世の目が輝いた。

医師開業試験、見事に合格

英世はこの一言で東京に出ることを決めた。医師開業前期試験は学科なので自信はあったが、後期試験は実技もあるので済生学舎に入る必要があった。

血脇守之助の「来たら寄ってくれ」を、「ぜひ来てくれ」と拡大解釈した。小林栄先生も同級生の八子も東京行きを喜んでくれ、小林先生は月給一二円のなかから一〇円を割いて贈ってくれた。八子も餞別《せんべつ》集めに奔走した。英世は小刀で猪苗代の家の柱に、「志を得ざれば、再び此地《この》を踏まず」と大げさに刻んだ。

明治二九年（一八九六）九月、餞別をしこたま懐にして英世は上京した。当座は安い下宿屋を探し、前期の医師開業試験を受けて、合格した。しかし、そこで一文なしになった。

一一月三日、天長節の日だった。血脇の自宅に突然、英世が現れた。玄関に出てみると、かすかに記憶があった。英世は無一文になり途方に暮れていると血脇に泣きついた。血脇は断りきれずに勤務する高山歯科医学院の使用人に英世を押し込んだ。ここは歯科の学校で、東京歯科大学の前身である。英世はランプ掃除に精を出し、玄関で授業開始の鐘を鳴らした。医学の勉強には多額の参考書代がかかる。

「小生は悲しくも一冊も本なし、兵士も武器なくては敵《かな》わず」

と小林先生に訴えた。その都度、小林先生は郵便局に行って送金した。済生学舎の入学金は血脇が出してくれた。開業医の後期試験は明治三〇年（一八九七）の秋に行なわれ、受験者一〇八四人、合格者二二四人のなかに英世も入っていた。英世、二一歳の秋だった。

北里柴三郎博士の弟子になる

英世は高山歯科医学院の講師になり、それから順天堂医院に潜り込み、医事研究雑誌の編集を手伝った。月給は賄いつきで二円だったので、風呂にも入れず、髪は伸び放題、垢《あか》で汚れ、順天堂の変人とあだ名がついた。金がなくなると頼りは血脇だった。その時は「血脇恩師閣下」と大げさな手紙を書き、金をせびった。

血脇は蛇に睨《にら》まれた蛙のように金を送り続けた。医学の世界は大学の医学部の出身者が幅をきかせていた。英世は独学である。加えて手にハンディがある。臨床は無理だと考えた。

となれば基礎医学である。この世界の権威は北里柴三郎《きたざとしばさぶろう》博士の伝染病研究所だった。血脇は八方、走りまわって英世を伝染病研究所に送り込んだ。

英世は故郷に錦を飾った。東京に出て二年で医師の免許を取ったのだ。英世は八子

の家で、

「恐れ多いことだが、天皇陛下の脈を拝し奉る世界的医者になってみせる」

と大言壮語し、またも餞別をせしめた。それだけではない。帽子、懐中時計、紋付き羽織、襦袢など当面必要な物をすべて八子がそろえてくれた。

明治三二年(一八九九)の春だった。伝染病研究所に賓客《ひんきゃく》があった。アメリカの名門、ジョンズ・ホプキンス大学の病理学教授のサイモン・フレクスナーである。そのとき通訳に当たったのが英世だった。ブロークンイングリッシュだったが、身ぶり手ぶりで何とかこなした。英世は思い切って切り出した。

「私はぜひ渡米してアメリカのすぐれた医学を研究したいのです。いかがでしょうか」

「それはいい考えです。その節は力になりましょう」

と教授が言った。英世はしてやったりと思った。その頃、伝染病研究所で、研究所の図書紛失事件があった。英世が疑惑の目で見られ、北里所長は横浜の海港検疫官に英世を送り込んだ。月給も高く快適な仕事だった。英世は早速、中国人の船員からペスト菌を検出、一躍名を上げた。病原菌の検出では、すでに相当の腕だった。

次は清国の牛荘《ニューチャン》に派遣された。月給は二〇〇円だった。支度金九六円は借金取りが押し寄せて、すぐに消えた。赴任の旅費がない。英世は血脇に泣きついた。血脇夫人が着物を質屋に入れて旅費を作った。

「貯金して渡米費にあてよ」と血脇が助言した。

しかし、英世は清国で稼いだ金は皆使ってしまい、渡米どころではなくなった。血脇は資産家の娘と結婚させるしかないと考え、さる資産家の令嬢と見合いをさせた。話が進み、二年で帰国する約束で渡米資金を出してくれることになった。

「ただ今の胸中は火の如《ごと》く燃え、腸も断たれんばかりに候」

と英世は小林先生に手紙を出した。日本とは、しばらくお別れである。英世は横浜一の料亭「神風楼」に友人十数人を連れて乗り込み、芸者を揚げてどんちゃん騒ぎをした。朝、目が覚めると見合いで得た三〇〇円はすべて消えてしまい、渡航費がなくなった。何ということだ、話を聞いて血脇は頭をかかえた。普通ならこれで渡米は延期になるのだが、血脇は高利貸から三〇〇円を借り、旅費を作った。

「いい加減にしろ」というところが英世にはあった。明治三三年（一九〇〇）一二月五日、英世は横浜から訪米の途についた。船が見えなくなると、血脇は安堵《あんど》のため息をついた。

名門ペンシルベニア大学

英世がフィラデルフィアのペンシルベニア大学にたどりついたのは、一二月二九日の寒い朝だった。横浜を出て二五日目だった。

大学はベンジャミン・フランクリンによって創設された名門大学である。医学部は四階建ての古風な建物だった。この日は日曜日だったので、教授は不在だった。「おかしな東洋人が来ている」と自宅に連絡があり、フレクスナー教授は大学に出かけた。

「かねてのお約束の通り、やってまいりました、大学の助手に採用していただきたい」

という東洋人に教授は驚いた。そんな約束をした覚えはない。教授は即座に断った。すると東洋人は今夜泊まる宿もないと、涙を流さんばかりである。身なりもみすぼらしい。教授はほとほと困惑した。英世は泣きの一手で、ここに潜り込むことになる。

私がテレビ番組の制作のためペンシルベニア大学にたどりついたのは、昭和五六年(一九八一)の夏だった。ニューヨークから列車で、フィラデルフィア駅に着き、それからタクシーで大学に向かった。当時、ペンシルベニア大学の医学部に日本人の教授がいた。東大医学部助手からこちらに来ていた小児科および生化学の正教授、浅倉《あさくら》稔生《としお》さんだった。

「驚くことばかりです」

と浅倉さんは言った。浅倉さんはこの大学に赴任してすぐ英世のことを調べた。英世の最初の仕事は生きた毒蛇から毒を採取することだった。当時、アメリカではガラガラ蛇に噛まれて命を落とす人が多かった。英世は「ウー、ウー」と唸《うな》りながら蛇毒を研究し、一年間に五本の研究論文を書いた。

「これは驚くべきことです。たった一年ですよ。誰も真似はできないでしょう」

浅倉さんが言った。大学に英世の経歴書が残っていた。

野口英世

生年月日　一八七六年一一月九日

出生地　日本国福島県耶麻《やま》郡翁島《おきなじま》

学歴　一八九二年　福島県若松市立高等学校卒業

一八九三年　東京医科大学入学
一八九七年　同右卒業
一八九七年　開業医国家試験合格　医学博士

というものだった。当時、会津若松には高等学校がなかったし、東京医科大学も開学していなかった。目くじらを立てれば学歴詐称だが、こう書かないと、給料や補助金が出なかったのではないか。フレクスナー教授が作ったのだと、浅倉さんは解釈した。なるほど、そうであったに違いない、私も納得した。

英世は明治三七年（一九〇四）、フレクスナー教授と共にニューヨークのロックフェラー医学研究所に移った。英世二八歳だった。

ハドソン川のそばにあるロックフェラー医学研究所は、ロックフェラー大学に変わっていた。学部はなく、ここは研究者のための大学院大学であった。

建物はすべてシックなもので、私が訪ねた時点で七人のノーベル賞の受賞者を出していた。正面のファンダーズ・ホールには二つの像が飾られていた。一つはこの研究所の創設者ロックフェラー一世であり、もう一つは英世の像だった。図書室やホール

野口英世博士

には英世の写真も掲げられていた。

「英世がいかに高く評価されたかは、学内を見れば一目瞭然でしょう」

と生前の英世を知るチャイス博士が言った。英世の時代の建物が三棟残っていて、博士は当時の図面を手に案内してくれた。英世は一人の秘書と三人の助手を使い、三階の三間続きの部屋を使っていた。大学には英世の秘書を務めたテイルテン博士の弟子、日系二世の小出三郎教授もいた。英世の孫弟子に当たる。

「私は珍しいものを持っています」

小出教授はそう言って英世の遺品を見せてくれた。一つは「ヒデヨ」の名前が入ったフラスコだった。研究費がふんだんにあった英世は、自分の名前が入った実験器具を使っていた。

この時期、英世の年俸は五〇

〇〇ドル、研究費はいくらでも使えたという研究生活を垣間見る《かいまみ》ことができた。やけどをした左手が写っている写真もあった。英世はいつも左手を隠しており、これは唯一の例外かもしれなかった。さらに恩師の血脇守之助がニューヨークに来たときの日本人クラブでの夕食のメニューもあった。照り焼き、てんぷら、茶碗蒸しなど、日本食の献立だった。

「これは私の宝です」と小出教授は言った。英世の研究室はイースト・リバーの向こうにブラックウェー島が見える眺めのいい部屋だった。

会津のサムライ

英世はここを舞台に輝ける研究成果を上げた。梅毒スピロヘータの純粋培養の成功、脳麻痺《まひ》および脊髄《せきずい》病患者の脳中にスピロヘータ・パリーダを発見、オロヤ熱病原体の発見などでノーベル賞候補になり、東大、エール大、パリ大など世界各地の大学から学位や名誉学位を受け、帝国学士院から恩賜章を贈られるなど数えきれないほどの栄誉に輝いた。英世の口癖は、

「オレは会津のサムライだ」

「白虎隊《びゃっこたい》の末裔《まつえい》だ」

と胸を張ることだった。英世の祖父は農民ではあったが、会津藩主松平容保《まつだいらかたもり》について二度も京都に上り、時には薩長と斬り結んだ。

「もし日米戦争が起こったらどうしますか」

「おれは日本人だよ、日本に帰って戦うよ」

とも言った。英世は会津魂、大和魂の持ち主だった。

人類の敵と闘った偉人

英世が亡くなったのは、昭和三年（一九二八）五月二一日の月曜日だった。出張先のアフリカのアクラ（ガーナ）で黄熱病に感染し、殉職した。享年年五一歳。まだ若い天才の死であった。英世は前年、エクアドルで黄熱病の病原菌を発見したと世界に報じていた。ワクチンも作ったが、疑問視する声もあった。英世はもう一度調べたい、と出かけたのだった。遺書も残していたので、一部には自殺説もあった。意図的に黄熱病の病原菌を自らに注射したのではないか、という疑惑だった。この辺は、闇のなかというしかない。研究者の苦悩が垣間見える英世の死だった。

遺体は船でニューヨークに運ばれ、ロックフェラー医学研究所で葬儀が行なわれた。屋上には日章旗と星条旗が掲げられ、世界の人々は英世の突然の死に深い悲しみを覚えた。フレクスナー所長は、追悼の辞でこう述べた。

「野口君がアメリカに来たのは二八年前であります。当時、野口君は二一〜二二歳の青年で、情熱的研究家でありました。ペンシルベニア大学の研究所に入るやいなや、野口君は細菌学の領域においてその特性を発揮し、ロックフェラー医学研究所でも研究幹部の位置を占めたのです。

この数日間に野口君のいたましき死に対して哀悼と同情の意を表してこない国は、文明国のいずれの部分にもないのであります。彼の名はパスツール、コッホ、メチニコフ、エールリヒ、リスターと同じように細菌学の大家と並び称されるようになるでしょう。野口博士の一生は大なる功績そのものであり、永久に医学界の刺激として生きることは人の疑いを入れぬところです。彼はこの点において永遠に生きるのです」

それは声涙ともに下る哀悼の辞だった。ニューヨーク・タイムズ紙も、次のように英世の功績を称《たた》えた。

「英世が人類の真の敵と戦った功績は日本国民のみならず、世界人類の永久的記録として、特筆大書するに値する。いかなる武人の功績も野口博士の果敢な戦闘に比すべきものはない。博士は人命を奪う微細な病菌発見のため倦《う》むところなき努力を続け一生を終わった。国境を超えて人道のために闘った博士の努力は、世界の人々の感謝に値する。日本が門戸を開放した結果、博士のごとき人物が我が国の研究所に来られ、莫大な研究をされたことを喜びとするものである」

私はロックフェラー医学研究所での取材が終わったあと、ニューヨーク郊外にある英世の墓地を訪ねた。すべての人を虜《とりこ》にして、病をなくすことに挑戦した野口英世、私は夕暮れの墓前に立って感無量だった。

第一〇章　朝河貫一

——無謀な侵略戦争に反対し全米で尊敬を受けた学究

二本松と三春

朝河貫一《あさかわかんいち》は、明治六年（一八七三）、福島県安達郡二本松町根崎《ねざき》下ノ町の新長屋に生まれた。二本松は戊辰《ぼしん》戦争の時、薩摩、長州、土佐の官軍に攻め込まれ、町は炎上し、藩士たちは城を枕に討ち死にした。いち早く土佐藩に寝返った三春藩兵が先鋒《せんぽう》として突入し城下を徹底的に荒らしまわった。自由民権運動家として名を上げた河野広《こうのひろ》中《なか》もこの集団にいた。

「広中はきらいだ」

二本松では自由民権の闘士も評判が悪い。戦争に負けたため二本松藩は賊軍となって二本松から追い出された。三春の動きがおかしいというので、仙台藩が何度か三春に出かけて問いただした。しかし列藩同盟を離脱することはないということだった。

その時、土佐藩と協議が進んでおり、突然、三春藩は官軍側についた。

「三春狐にだまされた」

二本松の人々は悔しがったが、三春にも同情すべきことは多々あった。仙台藩は文句をつけるだけで、三春に軍勢を派遣してはくれなかった。目と鼻の先まで、板垣退助率いる敵兵が迫っている。三春藩の生きる道は、恭順か籠城の二つに一つだった。それはわかるが、土佐の先鋒となって二本松城下に攻め込み、悪事を働くことはないだろう。

二本松の人々は三春人を恨んだ。

「三春人と結婚などとんでもない」

と結婚も御法度だった。鹿角《かづの》と大館《おおだて》の関係に似ている。今でもその気分は残っている。

ある会社では、たまたまだが経理部長が三春で、営業部長が会津若松だった。「営業部長は接待費を使い過ぎる」と経理部長がいつもクレームをつけ、営業部長は「三春めが」と睨んだ。

会津にとっても三春の裏切りは大きかった。二本松に進駐した敵兵が、会津の関門、母成《ぼなり》峠に攻め込み、会津城下に侵攻したからだった。

どん底の暮らし

朝河貫一の母ウタは信州田野口《たのぐち》藩の藩士松浦竹之進の長女で、二本松藩砲術指南役の朝河家に嫁いできた人だった。詩歌管弦の道もたしなみ、文学の素養もあった。ところが先夫照成が天狗党討伐の際に戦死し、先夫の父も戊辰の役で戦死したため、未亡人となったウタは、イク・キミの二人の娘と姑ヤソを抱えることとなった。そこで二本松藩士宗形治太夫の次男正澄を朝河家の婿として迎えた。そのとき正澄二五歳であった。

明治二年（一八六九）九月のことだった。その頃、仕事は傘張り、手習い師匠や、洗濯仕事・針仕事などしかなかった。

正澄は『論語』の「吾ガ道、一ヲ以テ之ヲ貫ク」という言葉をとって息子に、貫一と命名した。翌年、正澄は教員資格を得て伊達《だて》郡立子山《たつごやま》村立小学校の教員として迎えられることになり、一家は二本松を去った。立子山は阿武隈山系の山間《やまあい》にあった。冬は寒さが厳しいところだった。現在は福島市に編入されている。小学校はお寺に間借りだった。

貫一は、明治二〇年（一八八七）、創立まもない福島尋常中学校に入学した。立子山から福島までは、阿武隈川沿いに歩いて一〇キロほどあった。母は毎朝早く起きて、貫一を送り出した。ところがこの中学校の校舎が火災で焼失するにおよび、県下唯一の中学校として、福島県の中央に位置する安積《あさか》郡桑野村に移転となった。私が住む現在の郡山市である。この学校は現在、安積高校となり、当時の建物も残っている。卒業生も在校生も私の周辺に大勢いるが、東北の名門高校の一つである。

朝河桜

貫一は学校に近い開成山《かいせいざん》大神宮の禰宜《ねぎ》宮本家に下宿し、明治二五年（一八九二）、この中学校を首席で卒業した。その彼の答辞は流れるような英語だった。

今は英語を話す生徒は珍しくないが、当時は、皆、口をあんぐり開けて聞き入るだけだった。福島尋常中学校には、イギリス人教師がいて、会話を教わることができた。英語に対する朝河の執着心はケタ外れていた。彼の夢はアメリカ留学だった。

福島尋常中学校で首席であれば、普通は旧制の第一高校、東京帝大というコースが順当だったが、彼はその道を選ばなかった。父親に負担をかけたくない、それよりは、もっと英語を学び、自立してアメリカの大学に入ることを考えた。

なぜアメリカなのか。日本のために世界一の大学に入って勉強する。卒業したならば帰国し、日本に貢献する、そのようなものだった。野口英世《のぐちひでよ》もそうだが当時の日本の若者には、アメリカ志向があった。安積高校には、朝河のエピソードが残されている。

朝河は英和辞書を毎日二ページずつ暗記した。暗記したものは、一枚ずつ食べるか破り捨てていき、ある日ついにカバーだけになったので、それを校庭の西隅の若桜の根元に埋めた。

以後、福島尋常中学校では、この桜の木を「朝河桜」と呼んできた。

中学校を卒《お》えた朝河は、郡山町の小学校で一時期、英語教師の嘱託を務め、資金を蓄えたあと、東京に向かった。アメリカ留学の第一歩として、東京専門学校、現在の早稲田大学に進むためだった。東京専門学校の英文科はレベルが高かった。ただし学費のメドはまだ立ってはいなかった。父親から一〇〇円をもらったが、汽車賃を引くと、七円五〇銭しか残らなかった。英語教師で稼いだ金もさほどの金額ではない。福島尋常中学校時代の友人の下宿に潜り込み、友人の紹介で本郷教会の牧師横井時雄の世話になり、雑誌の編集を手伝って月三円を稼ぎ、洗礼も受けた。これで東京専門学校に入学することができた。

ダートマス大学に入学

朝河は東京専門学校の文学科に所属し、坪内逍遥《つぼうちしょうよう》の指導を受けた。夜は神田の基督《キリスト》教青年会館で「シェークスピア物語」の講義をして生活費を得た。

明治二八年（一八九五）、朝河は東京専門学校を首席で卒業し、徳富蘇峰《とくとみそほう》、大隈重信《おおくましげのぶ》、勝海舟《かつかいしゅう》らも援助してくれ、念願の渡米が実現した。川俣《かわまた》高等小学校、福島尋常中学校の同級生である渡辺熊之助も援助してくれた。彼は川俣の資産家の息子だった。

横浜を出港したのは、この年の一二月七日で、朝河二一歳の船出だった。

目指すはアメリカの名門ダートマス大学だった。本郷教会の横井牧師が訪米した折に大学と交渉し、授業料と寄宿代は無料の確約を得ていた。これは幸運なことだった。

朝河貫一（福島県立図書館蔵「朝河貫一資料」より）

大学時代、朝河はサムライと呼ばれた。何事にも真剣に取り組み、常にトップレベルの成績を保っていたからだった。この間、朝河は徳富蘇峰の「国民新聞」に原稿を送り、日本とアメリカの違いを書き綴《つづ》った。

日本人は滝のようであり、アメリカ人は山のようだと書いた。日本人は何でも急いで行動するが、アメリカ人は一生のスパンで行動する、日本人は義理を大事にするが、アメリカ人は自由で屈託がなく、理想に向かって精進する、と書いた。

朝河は本格的に歴史を勉強するため、エール大学の大学院に進んだ。会津の山川健《やまかわけん》次郎《じろう》の母校である。学位論文は大化改新《たいかのかいしん》だった。

大学院を修了した朝河はダートマス大学に戻り、講師として東洋史、東洋文明史、東西交渉史を講義した。アメリカの女性ミリアムと知り合い、結婚もした。

朝河が『日露衝突』を英文で出版したのは、明治三七年（一九〇四）だった。折から乃木《のぎ》将軍率いる第三軍は二〇三高地を攻撃し、ロシアのバルチック艦隊が、日本に向かうべく北アフリカを航海中だった。

日露戦争で日本が勝利したこともあって、この本はアメリカとイギリスで爆発的に売れ、日本人朝河貫一の名前を不動のものにした。日露戦争は日本の存亡をかけた戦いであり、決して領土的野心を持って戦ったのではないと主張した。

このあと、朝河は一度帰国し、中学時代の同級生に会い、老いた父親とも心ゆくまで話し込んだが、母はすでに亡くなっていた。父は息子に会ってほっとしたのか、朝河が帰国中に急死した。

第一次世界大戦起こる

大正三年（一九一四）七月、ヨーロッパの火薬庫と言われるバルカン半島が火を噴いた。イギリスとフランスがロシア側につき、ドイツがオーストリア側に立って第一次世界大戦が起こった。イギリスと同盟関係にある日本も参戦し、ドイツに宣戦を布告、東洋からドイツを一掃せんとした。ドイツの極東の根拠地である膠州《こうしゅう》湾を封鎖し、青島《チンタオ》要塞を陥落させた。これがアメリカに伝わると、日本を非難する声がにわかに高まった。

朝河は大隈重信首相に手紙を送り、日米関係にはマイナスだと苦言を呈した。しかし、日露戦争の勝利以来、日本のおごりは高まる一方だった。

日本が第一次世界大戦後、中国に対して旅順《りょじゅん》や大連《だいれん》の租借期限や満鉄の借用期限の延長などを要求した時も、朝河は日本政府に注意をうながした。中国に威圧を加えてはならないというのが朝河の考えだった。これは内藤湖南《ないとうこなん》も同じだった。日本と中国は同じ東洋の民族ではないか、文化の根源も同じであり、蔑視すべきではないと訴え続けた。

『日本之禍機』と題して日本への批判と忠告も書いた。

エール大学大学院での研究テーマは、鹿児島県の「入来院文書《いりきいん》」だった。入来院氏は鎌倉以来の豪族で、江戸時代に島津氏に服属、外城主《とじょうしゅ》となった。家臣団との結束は固く、明治以降も主従関係に変わりはなかった。朝河はここに日本人の義を感じた。

この頃、朝河は野口英世に会っていた。

英世とドライブ

大正一〇年（一九二一）六月二二日、エール大学の新総長エンジェル氏の就任式の日だった。その日、朝河は母校の早稲田大学を代表して式場に入場した。ここにロックフェラー医学研究所の野口英世も招かれ、エール大学は英世に名誉理学博士の称号を授与したのであった。朝河が生まれた二本松と、野口が生まれた翁島とは安達太良《あだたら》山《やま》をはさんで表と裏の関係にあった。英世は朝河より三つ年下で、渡米も四年遅れていた。共に経済的には苦しく苦学に苦学を重ねながら、このアメリカで成功を収め、尊敬を集めていた。

この日、英世はニューヨークからソプラノ歌手三浦環《みうらたまき》の夫の三浦政太郎医師を連れてきていた。総長の就任式がすんだあと、朝河は二人と一緒にドライブに出かけ、夕刻には市内のルーディース食堂に案内し、夕食を共にした。非常に楽しい夕べで、朝河はウエイターに一〇ドルでいいものを二〇ドルもチップをはずんだ。

ただ、二人の国際感覚や生き方はかなり違っていた。朝河は日本の軍国主義の台頭に危惧を抱いていたが、英世は日本海軍の遠洋艦隊がニューヨークに入ると、隊員を歓迎し、福島県人がいるとカメラや万年筆をお土産としてプレゼントした。

この日、そうしたことは話題にはならなかったと思うが、英世は心からアメリカを尊敬していたわけではなかった。ペンシルベニア大学時代、東洋のモンキーとあだ名をつけられ、人が嫌がるダーティーな仕事を散々させられた。だからアメリカと戦争になったら帰国して戦うという発言にもなっていた。そうはいってもアメリカのおおらかさが、英世を世界の医聖にしたことも事実だった。二人は共に成功者として楽しい夜を過ごしたに違いなかった。

安積中の後輩、阿部善雄

朝河貫一という人物が、広く日本人の目にとまったのは一人の学者の情熱によってであった。その人は東大史料編纂所《へんさんじょ》の教授を務めた阿部善雄《あべよしお》（一九二〇〜一九八六）といい、朝河の安積中学校（福島尋常中学校）の後輩だった。

私は、阿部さんが朝河の伝記『最後の「日本人」朝河貫一の生涯』（岩波書店）執筆のための取材中に、二度ほどお会いしていた。当時、勤務していた福島中央テレビの今泉正顕社長が、安積高校の同窓会長をしていた関係で阿部さんが訪ねてこられたのだった。私はその時、初めて阿部さんにお会いし朝河貫一の何たるかを知った。阿部さんは、少し前に中公新書から出版された『目明《めあか》し金十郎の生涯』という著書で、江戸中期の奥州守山藩の目明しの実態を興味深く書かれていたので、もちろん名前は存じ上げていた。守山藩は私の住まいの近所にあったので、驚いて読んだものだった。

お会いしたとき、阿部さんは、朝河がいかに優れた国際人だったか熱を込めて語った。阿部さんの文章は東大史料編纂所の教授にしては、きわめて平易で読みやすく、すべてのページに阿部さんの思い入れが書きこまれていた。特に日米開戦のあたりには迫力があった。

日米戦争が始まろうとしていた昭和一六年（一九四一）の一〇月と一一月は朝河にとっては、かぎりなく重苦しい日々だった。

「エール大学で彼の講義を受けていた学生たちの目にも、彼のさびしさがはっきりとうかがえた」と阿部さんは書いた。日本は対米戦争を決めており、日本海軍の連合艦隊はハワイ攻撃を決め、日程の最終調整を進めていた。そうした空気は敏感に朝河にも伝わった。

朝河は祖国日本の独善に怒った。朝河は日本政府に対し、日本軍の大陸よりの撤退、三国軍事同盟の破棄、日本における政務と軍務の分離、民心と教育の解放、これらを断行せよと迫った。しかし日本政府も日本の軍部も、日本のマスコミも朝河の絶叫に耳を傾けることはなかった。

朝河は明治維新を思い起こせとも言った。朝河は声を大にして日本の大改革を叫び、天皇へ平和を呼びかけるルーズベルト大統領の親書の打電運動にも奔走した。同時に日本との戦争はやむなしとするアメリカの世界政策も批判した。

リメンバー・パールハーバー

昭和一六年一二月一日、日本は御前会議で対米英蘭への開戦を決定、八日にはマレー半島に陸軍が上陸、ハワイ真珠湾の奇襲爆撃に踏み切った。日本人は狂喜乱舞し、アメリカのルーズベルト大統領は、「リメンバー・パールハーバー」と絶叫した。

エール大学総長チャールズ・シーモアは、一二月二日、朝河に次の書面を送った。

当今、貴殿には心中いかに苦しいか、お察しする。これは、少しでも貴殿の苦痛をやわらげうるすべての手段を取ろうと欲する私の熱望を、お伝えしようとするものである。貴殿の友人たちの感謝のこもった友情に頼ってほしい。貴殿の物理的生活の正常を保持せんがために、大学ができることは、すべてなされるであろうし、精神生活上、私たちにできることはもちろん何事でもする。貴殿の大学と学問への貢献は、エールには報いきれないものである。

朝河はこれを読んで号泣した。日本だったらどうだろうか。あり得ないことだった。アメリカ在住のすべての日本人がこのように処遇されたわけではなく、これは特別のことだったが、朝河の大学院での講義は、朝河が定年を迎える昭和一七年（一九四二）までつづき、定年にあたっては名誉教授の称号を贈られた。朝河は六八歳になっていた。

彼は自由にアメリカ国内の友人や教え子たちと通信できたので、戦争中も数多くの手紙を書き、また数多くの手紙をもらったが、日本人であるがゆえに連邦捜査局や地元の警察の監視を受けた。さびしい限りだった。

朝河の貯金（貯蓄口座）はすべて凍結されて、週に二五ドル以上は払い戻しされず、当座預金（小切手口座）も引き出すには許可が必要だった。

朝河の死

昭和二三年（一九四八）八月、一ヵ月の休暇を楽しむためバーモント州のウエスト・ワーズボロにあるグリーンマウンテン・インという山のホテルに出かけた。妻は亡くなっていたので、二年前からこのホテルで夏を過ごしていた。

先月から朝河は歩くと息切れを起こすようになっていた。ほんの少し坂を上っても疲れ、靴を履くことも難しくなった。心臓のあたりが痛んだ。ニューヘブンに帰ったら心臓の専門医に精密検査を受けようと思った。

そう日記に書いた日、朝河は倒れ、二日後の八月一一日朝、朝河は静かに息を引き取った。

心臓麻痺《まひ》だった。

遺体はニューヘブンに送られ、ＡＰ電もＵＰＩ電も「現代日本の最も高名な世界的学者朝河貫一博士が死去した」と世界に伝えた。

享年七五、逆賊となった奥州二本松藩の遺児が見せた骨太いサムライの生涯だった。

あとがき

考えてみたら私も賊軍の風土に育った。もちろん時代が違うので、明治に生きた人々のような屈辱感はないが、考えさせられることが多々あり、大変勉強になった。

渋沢栄一《しぶさわえいいち》が慶喜《よしのぶ》の前でオンオン泣き、慶喜が慰める場面はジーンと来るものがあった。

野口英世《のぐちひでよ》は借金の天才だったが、誰も英世を詐欺師とは思ってはいなかった。猪苗代《いなわしろ》には借金の証文がいくつも残っているが、すべて、その家の家宝だった。喜んで金を出す、英世には人を引きつけて離さない魅力があった。

ここに書いた一〇人は、誰もが魅力的だった。

山川健次郎《やまかわけんじろう》、後藤新平《ごとうしんぺい》、野口英世は過去に伝記を書いたが、これを契機に原敬《はらたかし》を書きたい、その思いは強まるばかりである。

どんなに苦境にあった人にも恩人はいた。

内藤湖南《ないとうこなん》も同郷の狩野亨吉《かのうこうきち》に目をかけられ、東洋史の大学者になったし、榎本武揚《えのもとたけあき》も薩摩の黒田清隆《くろだきよたか》の支持で大きく世に羽ばたいた。

特に賊軍の場合、気にかけてくれる人がいないと、挫折する事が多かった。

その意味で、自分の周囲を見つめ直すことも大事だと思った。私の場合、母の一族が最初の恩人だった。私が生まれたとき、祖父母は誰もいなかった。

唯一、祖父母に近いのが母の両親の弟と妹が結婚し、分家を立てた東の家だった。母にとって、そこが実家のようなものであり、私にとっても祖父母だった。そこには何ともいえない温《ぬく》もりがあった。

母の父は村の小学校の校長をしており、母の兄は宮城師範学校の学生だった。しかし在学中に病死し、祖父は息子のあとを追うようにして他界した。母にとって、頼りは東の家だった。東の家の息子が二人そろって宮城師範学校に進学したので、母は私を連れてよく師範学校の寮に出かけた。私が活字を意識するようになったのは、母従兄弟《いとこ》である師範学校の学生の勧めによるものだった。

「りょういち、本を読めよ」

とよく言われた。そこから私の読書が始まっている。私にとって東の家族は、人生最初の恩人だった。そう思うと、久しぶりに東の家族を思い浮かべた。

さて今回、取り上げたような不屈の魂を持った日本人は、ほかにも大勢いる。スケールが大きいという意味では、昭和の妖怪たちも興味深いテーマである。機会があったらまた取り上げたいと思う。

この本は以前講談社から出版されたものである。今回一部修正を加え、潮書房光人新社のご厚意で再版された。担当された坂梨誠司氏に感謝申し上げる。

著　者

【参考文献】

『渋沢栄一』土屋喬雄（吉川弘文館）
『徳川慶喜公伝』渋沢栄一（平凡社）
『渋沢栄一伝記資料』（岩波書店・渋沢栄一伝記資料刊行会）
『福翁自伝』福沢諭吉（岩波文庫）
『福沢諭吉選集』（岩波書店）
『榎本武揚』加茂儀一（中公文庫）
『榎本武揚伝』井黒弥太郎（みやま書房）
『シベリア日記』榎本武揚（筑摩書房・世界ノンフィクション全集）
『原敬傳』前田蓮山（高山書院）
『原敬日記』（福村出版）
『原敬全集』（原敬全集刊行会）
『男爵山川先生伝』（故男爵山川先生記念会）

『男爵山川先生遺稿』（故山川男爵記念会）
『後藤新平』鶴見祐輔（後藤新平伯伝記編纂会）
『正伝後藤新平』鶴見祐輔他（藤原書店）
『仙台戊辰史』藤原相之助（東京大学出版会・続日本史籍協会叢書）
『奥羽戊辰戦争と仙台藩』藤原相之助（マツノ書店）
『内藤湖南全集』（筑摩書房）
『内藤湖南』三田村泰助（中公新書）
『竜の星座』青江舜二郎（中公文庫）
『野口英世』奥村鶴吉編（野口英世記念会）
『野口英世』丹実編著（講談社）
『日本の禍機』朝河貫一（講談社学術文庫）
『朝河貫一書簡集』（早稲田大学出版部）
『最後の「日本人」』阿部善雄（岩波書店）
『朝河貫一とその時代』矢吹晋（花伝社）

平成二二年一二月刊『明治を支えた「賊軍」の男たち』改題　講談社＋α新書
装　幀　伏見さつき
ＤＴＰ　佐藤敦子

産経ＮＦ文庫

「賊軍」列伝　明治を支えた男たち

二〇二二年一月二十日　第一刷発行

著　者　星　亮一
発行者　皆川豪志
発行・発売　株式会社　潮書房光人新社
〒100-8077　東京都千代田区大手町一-七-二
電話／〇三-六二八一-九八九一(代)
印刷・製本　凸版印刷株式会社
定価はカバーに表示してあります
乱丁・落丁のものはお取りかえ致します。本文は中性紙を使用

ISBN978-4-7698-7043-2　C0195
http://www.kojinsha.co.jp

産経NF文庫の既刊本

台湾に水の奇跡を呼んだ男 鳥居信平 平野久美子

大正時代、台湾の荒地に立ち、緑の農地に変えることを誓って艱難辛苦の工事をやり通した鳥居信平——彼の偉業は一〇〇年の時を超えて日台をつなぐ絆となった。「実に頭の下がる思いがします」と元台湾総統の李登輝氏も賛辞を贈った日本人水利技術者の半生を描く。

定価891円（税込） ISBN978-4-7698-7021-0

全体主義と闘った男 河合栄治郎 湯浅 博

自由の気概をもって生き、右にも左にも怯まなかった日本人がいた！ 河合は戦前、マルクス主義の痛烈な批判者であり、軍部が台頭すると、ファシズムを果敢に批判。河合人脈は戦後、論壇を牛耳る進歩的文化人と対峙する。安倍首相がSNSで紹介、購入した一冊！。

定価946円（税込） ISBN978-4-7698-7010-4

産経NF文庫の既刊本

皇位継承でたどる天皇陵

渡部裕明

御陵の変遷には時代の習俗や宗教が深く関わり、皇位継承のあり方もいくつかの事件を契機として大きく変化している。皇位は現代まで、どのようにつながってきたのか、歴代天皇の主な事績は何か、天皇陵の現状はどうなっているのか……。

定価880円(税込)　ISBN978-4-7698-7030-2

来日外国人が驚いた　日本絶賛語録

ザビエルからライシャワーまで

村岡正明

日本人は昔から素晴らしかった！ザビエル、クラーク博士、ライシャワーら、そうそうたる顔ぶれが登場。彼らが来日して驚いたという日本の職人技、自然美、治安の良さ、和風の暮らしなど、文献を基に紹介。日本人の心を誇りと自信で満たす一〇二の歴史証言集。

定価836円(税込)　ISBN978-4-7698-7013-5